中国民族研究文献题录集成

编委会

主　任　陈　扬　李存雄

委　员　纳日碧力戈　汪　羿　令狐荣锋　严　肃
令狐彩桃　王之瑞　郭　文　何　林
张承鹄　金　凤　龙宇晓　韩　山

主　编　龙宇晓　胡展耀　杨定玉

中国傈僳族研究文献题录

李瑞华／编著

贵州师范学院中国山地民族研究中心
贵州民族学与人类学高等研究院

中国民族研究文献题录集成

丛书主编／龙宇晓　胡展耀　杨定玉

中国·武汉

图书在版编目(CIP)数据

中国傈僳族研究文献题录/李瑞华编著. —武汉：华中科技大学出版社，2016.6
(中国民族研究文献题录集成)
ISBN 978-7-5680-1082-5

Ⅰ.①中… Ⅱ.①李… Ⅲ.①傈僳族-民族历史-文献-中国-题录索引 Ⅳ.①Z89：K285.6

中国版本图书馆 CIP 数据核字(2015)第 169789 号

中国傈僳族研究文献题录 李瑞华 编著
Zhongguo Lisuzu Yanjiu Wenxian Tilu

策划编辑：牧 心
责任编辑：张馨芳 吴 盼
封面设计：原色设计
责任校对：张 琳
责任监印：周治超
出版发行：华中科技大学出版社(中国·武汉)
武昌喻家山 邮编：430074 电话：(027)81321913
录 排：华中科技大学惠友文印部
印 刷：湖北新华印务有限公司
开 本：787mm×1092mm 1/16
印 张：11 插页：2
字 数：294 千字
版 次：2016 年 6 月第 1 版第 1 次印刷
定 价：38.00 元

本书若有印装质量问题，请向出版社营销中心调换
全国免费服务热线：400-6679-118 竭诚为您服务
版权所有 侵权必究

丛书总序

我国是一个统一的多民族国家，各个民族在悠久的发展历史中创造了源远流长、内涵丰富的民族文化，这些文化成为中国传统文化不可分割的一部分。长期以来，各学科领域的学者辛勤研究，笔耕不辍，在我国各民族的研究方面取得了丰硕的成果，涌现出了一大批优秀的研究论著。这些研究成果，既有助于加强社会各界对各民族文化的认知和理解，更是推动民族文化发展繁荣的重要基础。

21世纪是一个信息时代，社会的不断进步、科技的迅速发展以及人们之间交往的日益增多，使得包括学术研究成果在内的各类文献呈几何级数急剧增长。而电子计算机和互联网的普及，更加速了信息的流通和传播。"数字化写作、数字化出版、数字化复制"，已经成为越来越多的人的重要生活方式。

在这一信息爆炸的时代，如何在瀚如烟海的文献和研究者之间建立一个有效的媒介，使人类社会长期积累下来的文献资源得到充分而科学的参考和利用，是学术界普遍关注的一个重要问题。我国古代就有编纂目录的优良传统，早在两千多年前，西汉目录学家刘向就编纂了我国第一部目录学著作——《别录》，被誉为我国的"目录学之祖"。近年来，随着我国各民族研究文献的日渐增多，已有学者编纂了相关的目录索引，如《布依族研究资料目录》（贾忠匀编，学苑出版社1988年版）、《回族研究文献题录》（北京市民族事务委员会古籍办编，中央民族大学出版社2009年版）、《土家族研究资料目录索引》（陈正慧主编，湖北人民出版社2008年版）等。这些民族研究文献目录索引的相继问世，是有关学者和机构从学科发展的大局出发而做出的无私贡献，为学术界对相关民族的研究提供了全貌式的参考，更为广大同行做出了知识分享与传播的表率。

不无遗憾的是，目前有关我国民族研究文献题录方面的工作还未引起学术界的足够重视，与我国各民族研究文献迅速涌现的局面极不相适应，在客观上造成了因信息不对称而阻碍有关民族研究进展的突出问题。贵州省高等学校人文社会科学研究基地贵州师范学院中国山地民族研究中心暨贵州民族学与人类学高等研究院，在创立之初就确立了"精诚协作，美美与共"的学术理念，始终将知识分享与学术研究本身放在同等重要的位置。我们编纂这套“中国民族研究文献题录集成”，目的就是尽可能全面系统地梳理我国各民族研究的成果，为当代研究民族文化的学者提供较为详尽的参考资料，实现学术上的“共同致富”；同时，也为我国传承优秀的民族文化、弘扬优良的人文传统做出应有的努力，为实现我国“文化大发展大繁荣”的目标奠定坚实的基础。

需要特别指出的是，由于所涉领域广，内容多，加之信息渠道广泛复杂，因而在编辑过程中难免挂一漏万和出现差错，谨请广大读者和同行批评指正。

编　者

2014 年 7 月

凡例

1. 本书收录 2014 年 7 月之前公开发表、出版(或内部编印)的有关中国傈僳族及其自治地方研究的中文文献。

2. 本书所收录的文献按性质分为“书籍”“期刊论文”“学位论文”“报纸文章”“析出文献”“会议论文”六大类别。

3. 每一条目给定两个编号:一是全书所收录文献条目的编号,用五位数字表示;二是同一类别文献条目的编号,用字母加四位数字表示。

4. 各类文献的著录信息和格式分别为:

   书籍:总编号/类目编号 题名|责任者|出版者(或内部资料的编印者),出版(编印)年

   期刊论文:总编号/类目编号 题名|责任者|期刊,出版年(期)

   学位论文:总编号/类目编号 题名|责任者|所属学校,年份

   报纸文章:总编号/类目编号 题名|责任者|报纸,年-月-日

   析出文献:总编号/类目编号 析出文献题名|析出文献责任者//著作名|著作责任者|出版者(或内部资料的编印者),出版(编印)年

   会议论文:总编号/类目编号 题名|责任者//会议论文集题名|会议主办者|会议举办地,年份

5. 同一论著有不同版本的,各版本一并收录。

6. “书籍”“期刊论文”“学位论文”“析出文献”“会议论文”类文献的条目按公开发表、出版(或内部编印)的年份顺序编排,同一年份的条目按题名音序编排。

7. “报纸文章”类文献的条目按公开发表的年份顺序编排,同一年份的条目按日期顺序编排,同一日期的条目按题名音序编排。

8. 为方便读者查询,本书同时编纂了责任者索引、期刊索引和出版者索引,索引采用编号检索法,并分别按责任者名、期刊名和出版者名音序编排。

第一部分 文献题录

第二部分 索　　引

第一部分

文献题录

- A 书　　籍
- B 期刊论文
- C 学位论文
- D 报纸文章
- E 析出文献
- F 会议论文

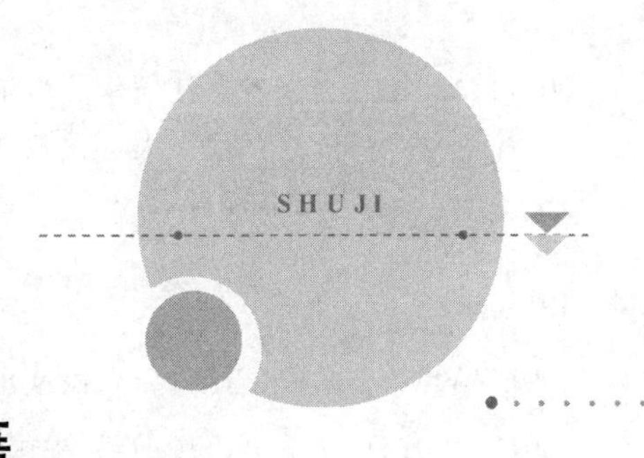

A 书籍

1956 年

00001/A0001 风和雨|麻建樑,等|云南人民出版社,1956

00002/A0002 傈僳文赞美诗|云南碧江基督教三自革新委员会|广学会(内部资料),1956

00003/A0003 生产调(傈僳族古代民歌)|祝发清等(收集),祝发清等(翻译)|云南人民出版社,1956

00004/A0004 逃婚调(傈僳族长歌)|徐琳等(搜集),中国民间文艺研究会(编)|作家出版社,1956

1957 年

00005/A0005 傈僳文扫盲课本(第一册)|云南省少数民族语文指导工作委员会|云南人民出版社,1957

00006/A0006 请媒调(傈僳文)|信孔(搜集整理)|云南人民出版社,1957

00007/A0007 云南省怒江傈僳族自治州社会概况(傈僳、怒、勒墨族调查材料之一)(上册)|全国人民代表大会民族委员会办公室|全国人民代表大会民族委员会办公室(内部资料),1957

00008/A0008 云南省怒江傈僳族自治州社会概况(傈僳、怒、勒墨族调查材料之一)(下册)|全国人民代表大会民族委员会办公室|全国人民代表大会民族委员会办公室(内部资料),1957

1958 年

00009/A0009 傈僳文看图识字(第一册)|云南民族出版社|云南民族出版社,1958

00010/A0010 傈僳文看图识字(第二册)|云南民族出版社|云南民族出版社,1958

00011/A0011 傈僳文看图识字(第三册)|云南民族出版社|云南民族出版社,1958

00012/A0012 傈僳文扫盲课本|云南省少数民族语文指导工作委员会|云南民族出版社,1958

00013/A0013 逃婚调(傈僳族长歌)|徐琳等(搜集整理)|人民文学出版社,1958

00014/A0014　云南省怒江傈僳族自治州社会概况(傈僳族、怒族、独龙族调查材料之四)|全国人民代表大会民族委员会办公室|全国人民代表大会民族委员会办公室(内部资料),1958

1959 年

00015/A0015　歌选|希扬|云南民族出版社,1959

00016/A0016　傈僳语语法纲要|中国科学院少数民族语言研究所|科学出版社,1959

00017/A0017　逃婚调(傈僳族长歌)|徐琳等(搜集整理)|人民文学出版社,1959

1963 年

00018/A0018　傈汉会话|云南民族出版社|云南民族出版社,1963

00019/A0019　傈僳族简史简志合编(初稿)|中国科学院民族研究所云南少数民族社会历史调查组|中国科学院民族研究所、云南少数民族社会历史调查组(内部资料),1963

00020/A0020　重逢调(傈僳族民间叙事长诗)|周忠枢(翻译整理)|作家出版社,1963

1964 年

00021/A0021　云南省怒江傈僳族社会调查(调查材料之六)|中国科学院民族研究所云南民族调查组,等|中国科学院民族研究所云南民族调查组、云南省民族研究所民族研究室(内部资料),1964

1965 年

00022/A0022　傈僳文扫盲课本|云南民族出版社|云南民族出版社,1965

00023/A0023　云南怒江傈僳族民间音乐选|云南音乐舞蹈家协会,等|云南人民出版社,1965

1966 年

00024/A0024　革命歌曲|怒江傈僳族自治州人委文教科,等|云南民族出版社,1966

00025/A0025　傈僳文扫盲课本(第一册)|怒江傈僳族自治州人委文教科,等|云南民族出版社,1966

1974 年

00026/A0026　中国少数民族简况・傈僳族 羌族 普米族 怒族 独龙族(征求意见稿)|中央民族学院研究室|中央民族学院研究室(内部资料),1974

1975 年

00027/A0027　傈僳文课本(一)|云南省教育局教材编审室|云南人民出版社,1975

1979 年

00028/A0028 狐狸的"真理"|金江|中国少年儿童出版社,1979

00029/A0029 傈僳文扫盲课本|怒江傈僳族自治州文教局|云南民族出版社,1979

00030/A0030 片马烽火——怒江人民反帝斗争故事选|怒江傈僳族自治州《片马烽火》编写组|云南人民出版社,1979

1980 年

00031/A0031 创世纪 牧羊歌(怒江州民族民间文学历史资料之一)|徐琳等(记录翻译),怒江傈僳族自治州文化局(编)|怒江傈僳族自治州文化局(内部资料),1980

00032/A0032 婚礼歌(傈僳文)|叶世富(整理)|云南民族出版社,1980

00033/A0033 火焰山(老傈僳文)|(明)吴承恩(著),胡贵等(翻译)|云南民族出版社,1980

00034/A0034 怒江科技(医药专辑)|云南省怒江傈僳族自治州科学技术委员会,等|云南省怒江傈僳族自治州科学技术委员会、云南省怒江傈僳族自治州卫生局(内部资料),1980

00035/A0035 人民公仆(傈僳文)|和振文|云南民族出版社,1980

00036/A0036 逃婚歌(傈僳文)|徐琳等(搜集整理)|云南民族出版社,1980

00037/A0037 逃婚调・重逢调・生产调(傈僳族民间长诗三首)|云南人民出版社|云南人民出版社,1980

00038/A0038 温泉恋歌(傈僳文)|杨春茂等(搜集整理)|云南民族出版社,1980

00039/A0039 云南少数民族社会调查研究・独龙族 怒族 崩龙族 傈僳族 佤族 景颇族 傣族 苗族 彝族 苦聪人社会经济|宋恩常|云南人民出版社,1980

1981 年

00040/A0040 狐狸的"真理"(傈僳文)|金江(著),李维翰(译)|云南民族出版社,1981

00041/A0041 傈僳文识字课本|云南省少数民族语文指导工作委员会,等|云南民族出版社,1981

00042/A0042 傈僳族《创世记》研究|徐琳,等|东京外国语大学,1981

00043/A0043 傈僳族社会历史调查|《民族问题五种丛书》云南省编辑委员会|云南人民出版社,1981

00044/A0044 猎歌|木富春(搜集整理)|云南民族出版社,1981

00045/A0045 在庆祝中国共产党成立六十周年大会上的讲话(傈僳文)|胡耀邦|云南民族出版社,1981

1982 年

00046/A0046 打猎歌|祝发清等(收集整理)|云南民族出版社,1982

00047/A0047　种竹歌|杨春茂等(收集整理)|云南民族出版社,1982

00048/A0048　走亲访友(傈僳文)|木顺江(搜集整理)|云南民族出版社,1982

1983 年

00049/A0049　盖房歌|邓务育等(搜集整理)|云南民族出版社,1983

00050/A0050　歌曲|中共碧江县委宣传部|云南民族出版社,1983

00051/A0051　光谏桑的故事|木顺江(搜集整理)|云南民族出版社,1983

00052/A0052　傈僳文课本|怒江傈僳族自治州教育局|云南民族出版社,1983

00053/A0053　傈僳族简史|《傈僳族简史》编写组|云南人民出版社,1983

00054/A0054　民间故事(一)|木玉璋(搜集整理)|云南民族出版社,1983

00055/A0055　琵琶歌|李兴等(搜集整理)|云南民族出版社,1983

1984 年

00056/A0056　百灵鸟(二)|德宏州文联,等|云南民族出版社,1984

00057/A0057　傈僳族民间故事|怒江傈僳族自治州《傈僳族民间故事》编辑组|云南民族出版社,1984

1985 年

00058/A0058　孤儿之歌|祝发清等(搜集整理)|云南民族出版社,1985

00059/A0059　傈汉词典|徐琳|云南民族出版社,1985

00060/A0060　傈僳族民间故事选|祝发清,等|上海文艺出版社,1985

00061/A0061　傈僳族 怒族 勒墨人(白族支系)社会历史调查|云南省编辑组|云南人民出版社,1985

00062/A0062　民间故事(二)|木顺江等(搜集整理)|云南民族出版社,1985

1986 年

00063/A0063　傈汉会话|胡贵|云南民族出版社,1986

00064/A0064　傈僳文农民识字课本(第一册)|德宏民族出版社傈僳文编辑室|德宏民族出版社,1986

00065/A0065　傈僳文小学课本·语文(第三册)|丽江纳西族自治县民族事务委员会,等|云南民族出版社,1986

00066/A0066　傈僳语简志|徐琳,等|民族出版社,1986

00067/A0067　怒江傈僳族自治州概况|《怒江傈僳族自治州概况》编写组|云南民族出版社,1986

00068/A0068　四川省苗族傈僳族傣族白族满族社会历史调查|四川省编辑组|四川省社会科学院出版社,1986

00069/A0069 云南傈僳族及贡山福贡社会调查报告|西南民族学院图书馆|西南民族学院图书馆(内部资料),1986

00070/A0070 云南民族地区通俗宣传材料(二)|李维翰,等|云南民族出版社,1986

1987 年

00071/A0071 嫁女歌(新傈僳文)|欧益之(收集整理)|云南民族出版社,1987

00072/A0072 傈汉小词典|祝发清|德宏民族出版社,1987

00073/A0073 傈僳语文基础知识|段伶|云南民族出版社,1987

00074/A0074 民族知识丛书·傈僳族|王恒杰|民族出版社,1987

00075/A0075 挽歌|杨春茂(搜集整理)|云南民族出版社,1987

00076/A0076 云南民族地区通俗宣传材料(三)|李维翰,等|云南民族出版社,1987

00077/A0077 云南省维西傈僳族自治县地名志|维西傈僳族自治县人民政府|维西傈僳族自治县人民政府(内部资料),1987

1988 年

00078/A0078 百灵鸟(三)|德宏州文联|德宏民族出版社,1988

00079/A0079 傈僳族风俗歌集成|云南省民间文学集成编辑办公室,等|云南民族出版社,1988

00080/A0080 怒江傈僳族自治州党史资料选编(1948.8—1950.3)|中共怒江傈僳族自治州委员会党史征集办公室|中共怒江傈僳族自治州委员会党史征集办公室(内部资料),1988

00081/A0081 四川省德昌县傈僳族民间文学资料集|德昌县民间文学集成办公室|德昌县民间文学集成办公室(内部资料),1988

00082/A0082 谚语|胡贵,等|云南民族出版社,1988

00083/A0083 云南地州市县概况·怒江傈僳族自治州分册|中共云南省委政策研究室,等|云南人民出版社,1988

1989 年

00084/A0084 故事诗|峰学军等(收集整理)|云南民族出版社,1989

00085/A0085 傈僳文课本|段伶,等|云南民族出版社,1989

00086/A0086 傈僳族青年文学作品选|怒江傈僳族自治区教育局民语教研编译室|云南民族出版社,1989

1990 年

00087/A0087 彩绘本中国民间故事·傈僳族|周翔等(绘),白九(编文)|浙江少年儿童出版社,1990

00088/A0088 故事诗(二)|李义忠等(收集整理)|云南民族出版社,1990

00089/A0089 傈汉会话(二)|胡贵|云南民族出版社,1990

00090/A0090 傈僳文扫盲课本|汉刚,等|云南民族出版社,1990

00091/A0091 维西傈僳族自治县概况|维西傈僳族自治县概况编写组|云南民族出版社,1990

1991 年

00092/A0092 白鼓黑鼓|德宏民族出版社|德宏民族出版社,1991

00093/A0093 节节高|李四益(搜集),李维翰(整理)|云南民族出版社,1991

00094/A0094 恋歌|荞氏·路易斯(搜集),腊帕·阿春(整理)|云南民族出版社,1991

00095/A0095 怒江中草药|云南省怒江傈僳族自治州卫生局|云南科技出版社,1991

00096/A0096 《心声》歌曲集|普永恒|云南民族出版社,1991

00097/A0097 寻找太阳头发的故事(中国民间童话丛书·傈僳族)|尚仲豪,等|云南少年儿童出版社,1991

1992 年

00098/A0098 汉傈新词术语集|云南省少数民族语文指导工作委员会,等|云南民族出版社,1992

00099/A0099 怒江傈僳语量词手册|熊泰河|云南民族出版社,1992

00100/A0100 亚碧罗雪山|熊泰河|云南民族出版社,1992

1993 年

00101/A0101 故事精选(傈僳文)|德宏民族出版社|德宏民族出版社,1993

00102/A0102 怒江傈僳族自治州民族志|怒江州民族事务委员会,等|云南民族出版社,1993

00103/A0103 洗麻泉恋歌|木春富等(搜集整理)|云南民族出版社,1993

00104/A0104 中国原始宗教资料丛编·纳西族卷 羌族卷 独龙族卷 傈僳族卷 怒族卷|吕大吉,等|上海人民出版社,1993

1994 年

00105/A0105 躲不开的夏季(傈僳文汉文对照)|李四明|云南民族出版社,1994

00106/A0106 傈僳文识字课本|云南省民语委,等|云南民族出版社,1994

00107/A0107 傈僳族风俗志|斯琴高娃,等|中央民族大学出版社,1994

00108/A0108 怒江傈僳族自治州人民政府招待所志|陈瑞金,等|《怒江傈僳族自治州人民政府招待所志》编纂领导小组(内部资料),1994

00109/A0109 熟了的山坡(傈僳文汉文对照)|密英文|云南民族出版社,1994

00110/A0110 中国共产党云南省怒江傈僳族自治州组织史资料(1945.9—1987.10)|中共怒江州委组织部,等|云南民族出版社,1994

1995 年

00111/A0111　伐木建屋歌|史富相(搜集整理)|云南民族出版社,1995

00112/A0112　福贡文史资料选辑·傈僳族专辑|福贡县政协文史编辑室,等|福贡县政协文史编辑室、福贡县民族宗教委员会(内部资料),1995

00113/A0113　横断山中的绿宝石|维西傈僳族自治县县庆筹备领导小组|云南民族出版社,1995

00114/A0114　傈僳族音节文字及其文献研究|木玉璋|中国社会科学院民族研究所(内部资料),1995

00115/A0115　傈僳族音节文字字典|木玉璋|中国社会科学院民族研究所(内部资料),1995

00116/A0116　牧歌|祝发清(搜集整理)|云南民族出版社,1995

00117/A0117　琵琶声响幸福长|李四益,等|云南民族出版社,1995

00118/A0118　峡谷封不住的女性|杨光民|云南教育出版社,1995

00119/A0119　中国傈僳族歌曲选|张金云|云南民族出版社,1995

00120/A0120　中华民族故事大系·黎族民间故事 傈僳族民间故事 佤族民间故事|祝发清,等|上海文艺出版社,1995

1996 年

00121/A0121　回望(傈僳文)|杨泽文|云南民族出版社,1996

00122/A0122　傈僳族诗歌故事选|吴志湘,等|德宏民族出版社,1996

00123/A0123　宁蒗民俗·傈僳风情|陈红光|云南民族出版社,1996

00124/A0124　怒江傈僳族自治州林业志|怒江傈僳族自治州林业局|云南民族出版社,1996

00125/A0125　怒江傈僳族自治州政协志|中国人民政治协商会议云南省怒江傈僳族自治州委员会|德宏民族出版社,1996

00126/A0126　琵琶情韵(傈僳文汉文对照)|木成香|云南民族出版社,1996

00127/A0127　维西傈僳族自治县汉语方言志|吴成虎,等|云南教育出版社,1996

00128/A0128　中国各民族神话(傈僳 怒 景颇 普米)|耿志远,等|新蕾出版社,1996

1997 年

00129/A0129　汉傈新词术语集(二)|云南省少数民族语文指导工作委员会,等|云南民族出版社,1997

00130/A0130　怒江傈僳族自治州卫生志|怒江傈僳族自治州卫生志编纂委员会|云南民族出版社,1997

00131/A0131　怒江傈僳族自治州州情知识 300 题|李绍恩,等|民族出版社,1997

00132/A0132　生活之歌|山金波等(演唱),刮普四等(搜集整理)|云南民族出版社,1997

1998 年

00133/A0133 民族知识简明读本|邓务勇,等|云南民族出版社,1998

00134/A0134 怒江傈僳族自治州教育志|怒江傈僳族自治州教育委员会|云南民族出版社,1998

00135/A0135 中华文化通志·民族文化典·彝、纳西、拉祜、基诺、傈僳、哈尼、白、怒族文化志|陈康,等|上海人民出版社,1998

1999 年

00136/A0136 飞越峡谷的歌声——怒江傈僳族农民合唱团享誉中外|李福珊|德宏民族出版社,1999

00137/A0137 各民族共创中华·西南卷·彝族、白族、傈僳族、哈尼族、普米族、景颇族、怒族的贡献|孙振玉|甘肃文化出版社,1999

00138/A0138 傈僳文识字课本(傈僳文)|怒江州教委编译室|云南民族出版社,1999

00139/A0139 傈僳族文化大观|格桑顿珠,等|云南民族出版社,1999

00140/A0140 傈僳族文学简史|左玉堂|云南民族出版社,1999

00141/A0141 怒江傈僳族自治州地方志丛书·怒江州农牧志|怒江傈僳族自治州农业局,等|云南民族出版社,1999

00142/A0142 怒江傈僳族自治州工商行政管理志|马义民,等|怒江傈僳族自治州工商行政管理局(内部资料),1999

00143/A0143 维西傈僳族自治县志|云南省维西傈僳族自治县志编纂委员会|云南民族出版社,1999

00144/A0144 血祭鬼谷(云南省少数民族历史故事)|熊泰河|云南民族出版社,1999

00145/A0145 云南民族古籍丛书·傈僳族文库·祭天古歌(上册)|木玉璋等(译)|云南民族出版社,1999

00146/A0146 云南民族古籍丛书·傈僳族文库·祭天古歌(下册)|木玉璋等(译)|云南民族出版社,1999

2000 年

00147/A0147 云之南音乐文化丛书·欢乐的笛里吐——杨元吉歌曲作品选|杨元吉|中国文联出版社,2000

2001 年

00148/A0148 恒乍绷的故事(傈僳族民间传说)|李汝春|云南民族出版社,2001

00149/A0149 怒江傈僳族自治州财政志|艾纶,等|云南省怒江傈僳族自治州财政局(内部资料),2001

00150/A0150 怒江中游的傈僳族|吴金福,等|云南民族出版社,2001

00151/A0151　娶亲调(傈僳文)|曹大荣|德宏民族出版社,2001

00152/A0152　云南民族村调查·傈僳族——泸水上江乡百花岭村|肖迎,等|云南大学出版社,2001

00153/A0153　云南少数民族图库·傈僳族|《云南少数民族图库》编委会|云南美术出版社,2001

00154/A0154　中华人民共和国民族区域自治法(新傈僳文)|青木等(译)|云南民族出版社,2001

2002 年

00155/A0155　傈汉小词典|祝发清|德宏民族出版社,2002

00156/A0156　傈僳族民间文学概论|杨春茂|云南教育出版社,2002

00157/A0157　怒江文史资料选辑·傈僳族|余新,等|云南民族出版社,2002

00158/A0158　三江明珠——维西|余胜祥,等|云南美术出版社,2002

00159/A0159　学汉语(3)(老傈僳文)|金华妹|云南民族出版社,2002

2003 年

00160/A0160　聪明小子刮加桑|左玉堂,等|晨光出版社,2003

00161/A0161　福音谷|林茨|河北教育出版社,2003

00162/A0162　傈僳族文库·丧葬歌|李四明等(搜集翻译)|云南民族出版社,2003

00163/A0163　陇川傣族德昂族傈僳族文化风情|刀小阮,等|云南民族出版社,2003

00164/A0164　怒江峡谷人家(傈僳族)|徐冶|云南人民出版社、云南大学出版社,2003

2004 年

00165/A0165　半世情缘——邓阿冷回忆录|邓阿冷(回忆),余福生(搜集整理)|云南民族出版社,2004

00166/A0166　哈萨木——一个神奇的地方|胡应舒,等|云南民族出版社,2004

00167/A0167　恒乍绷(傈僳族长篇历史小说)|朱发德|云南民族出版社,2004

00168/A0168　怒江傈僳族|司忠诚,等|民族出版社,2004

00169/A0169　怒江傈僳族自治州计划生育志|马义民,等|怒江傈僳族自治州计划生育委员会(内部资料),2004

00170/A0170　怒江书画作品——庆祝怒江傈僳族自治州成立 50 周年专辑|怒江傈僳族自治州老干部书画诗词协会|云南民族出版社,2004

00171/A0171　人类的金色童年——傈僳族叙事长诗创世纪·牧羊歌|木玉璋(搜集整理),裴阿欠等(唱述)|云南民族出版社,2004

00172/A0172　相约彩云南诗歌散文丛书·醉了的火塘|余新|云南民族出版社,2004

2005年

00173/A0173 被雨浸湿的夏日|玖合生|云南民族出版社,2005

00174/A0174 傈僳族三弦调|黎爱蓉等(搜集整理),黎爱蓉(记谱),余世珍(记录翻译)|德宏民族出版社,2005

00175/A0175 三江腹地的傈僳文化王国——维西|王清华,等|云南人民出版社,2005

00176/A0176 三江奇韵|李自强|云南民族出版社,2005

00177/A0177 一块玉米地|密英文|云南民族出版社,2005

2006年

00178/A0178 沉静的乐土——丽江黎明|和国星|云南民族出版社,2006

00179/A0179 德宏傣族景颇族自治州民歌集成·傈僳族民歌卷|杨锦和,等|德宏民族出版社,2006

00180/A0180 傈僳山寨报春鸟——73年的回忆|褚有本,等|云南民族出版社,2006

00181/A0181 傈僳语法|李仲功,等|德宏民族出版社,2006

00182/A0182 傈僳族祭祀经|张自强(搜集整理),张自强等(译)|云南人民出版社,2006

00183/A0183 傈僳族语言文字及文献研究·傈僳族音节文字及文献研究|木玉璋|知识产权出版社,2006

00184/A0184 傈僳族语言文字及文献研究·傈僳族音节文字字典|木玉璋|知识产权出版社,2006

00185/A0185 傈僳族语言文字及文献研究·傈僳族音节文字文献资料汇编|木玉璋,等|知识产权出版社,2006

00186/A0186 傈僳族竹书文字研究|高慧宜|华东师范大学出版社,2006

00187/A0187 怒江傈僳族自治州志|怒江傈僳族自治州地方志编纂委员会|民族出版社,2006

00188/A0188 千年回眸:东方大峡谷纪事|张惠君|云南人民出版社,2006

00189/A0189 语文(三年级上册)(汉文、傈僳文对照)|云南省中小学教材审定委员会(审定)|云南民族出版社,2006

00190/A0190 语文(三年级下册)(汉文、傈僳文对照)|云南省中小学教材审定委员会(审定)|云南民族出版社,2006

2007年

00191/A0191 保和镇完全小学志|《保和镇完全小学志》编纂委员会|云南民族出版社,2007

00192/A0192 傈僳族口头非物质文化遗产系列·阔时目刮|曹大荣(收集整理)|德宏民族出版社,2007

00193/A0193 傈僳族社区发展研究——以云南省武定县插甸乡安乐德村为个案|鲁建彪|中国社会科学出版社,2007

00194/A0194 怒江傈僳族自治州文物志|赵美,等|云南大学出版社,2007

00195/A0195 怒江傈僳族自治州年鉴(2007)|朱发德,等|云南民族出版社,2007

00196/A0196 傈僳箴言|余文开|德宏民族出版社,2007

00197/A0197 神秘的新山傈僳族部落|张勇|中国文史出版社,2007

00198/A0198 云南省怒江傈僳族自治州人民医院志(1995—2006)|高星|怒江州人民医院(内部资料),2007

2008 年

00199/A0199 大理·永平傈僳族舞蹈(第一辑)|杨绍文|云南民族出版社,2008

00200/A0200 迪庆民族文化概览·维西卷|《迪庆民族文化概览》编委会|云南民族出版社,2008

00201/A0201 风雨兰商——怒江峡谷兰花鉴赏与交易|木劲松|云南民族出版社,2008

00202/A0202 傈僳族服饰精粹|罗莺|德宏民族出版社,2008

00203/A0203 傈僳二重唱(上册)|周荣新|云南美术出版社,2008

00204/A0204 傈僳族简史(修订本)|《傈僳族简史》编写组,等|民族出版社,2008

00205/A0205 怒江傈僳族自治州概况|《怒江傈僳族自治州概况》编写组,等|民族出版社,2008

00206/A0206 怒江傈僳族自治州年鉴(2008)|怒江州地方志编纂委员会办公室|云南民族出版社,2008

00207/A0207 三江神韵——香格里拉地区傈僳族原始宗教概述|李自强|云南民族出版社,2008

00208/A0208 维西傈僳族自治县概况(修订本)|蔡武成,等|民族出版社,2008

00209/A0209 吾山吾水(傈僳文、汉文对照)|熊泰河|云南民族出版社,2008

2009 年

00210/A0210 白鼓黑鼓(傈僳文)|曹福保|德宏民族出版社,2009

00211/A0211 故事精选(傈僳文)|德宏民族出版社傈僳文编辑室|德宏民族出版社,2009

00212/A0212 傈汉小词典|祝发清|德宏民族出版社,2009

00213/A0213 傈僳学创建与傈僳族发展|鲁建彪|德宏民族出版社,2009

00214/A0214 傈僳族、怒族、勒墨人(白族支系)社会历史调查(修订本)|《中国少数民族社会历史调查资料丛刊》修订编辑委员会,等|民族出版社,2009

00215/A0215 傈僳族社会历史调查|《民族问题五种丛书》云南省编辑委员会,等|民族出版社,2009

00216/A0216 怒江傈僳族自治州概况(修订本)|侯新华,等|民族出版社,2009

00217/A0217 怒江傈僳族自治州检察志|怒江傈僳族自治州人民检察院|怒江傈僳族自治州人民检察院(内部资料),2009

00218/A0218 四川省苗族傈僳族傣族白族满族社会历史调查(修订本)|《中国少数民族社会历史调查资料丛刊》修订编辑委员会,等|民族出版社,2009

00219/A0219 维西！维西|农布七林,等|云南美术出版社,2009

00220/A0220 维西傈僳族自治县志(1978—2005)|侯吉林,等|云南民族出版社,2009

00221/A0221 峡谷幽兰——福贡县鹿马登乡赤恒底村傈僳族村民日记|肖迎|中国社会科学出版社,2009

2010 年

00222/A0222 亥武堵目刮|曹大荣(收集整理)|德宏民族出版社,2010

00223/A0223 禁毒知识(傈僳文)|云南省民族事务委员会|云南民族出版社,2010

00224/A0224 阔时目刮续|曹德旺(收集整理)|德宏民族出版社,2010

00225/A0225 丽江傈僳族民间故事选(傈汉对照)|舒生跃,等|德宏民族出版社,2010

00226/A0226 傈僳学研究(一)|鲁建彪|民族出版社,2010

00227/A0227 傈僳语文知识|胡兰英|德宏民族出版社,2010

00228/A0228 傈僳族历史文化探幽|侯兴华|云南大学出版社,2010

00229/A0229 傈僳族研究(会刊)|云南民族学会傈僳族研究委员会|云南民族学会傈僳族研究会(内部资料),2010

00230/A0230 略亥戳目刮|曹大荣(收集整理)|德宏民族出版社,2010

00231/A0231 民族团结一家亲|李教昌,等|云南民族出版社,2010

00232/A0232 名家谈人生|余文刚|德宏民族出版社,2010

00233/A0233 明越施漠目刮|曹大荣(收集整理)|德宏民族出版社,2010

00234/A0234 怒江傈僳族自治州年鉴(2010)|怒江州地方志编纂委员会办公室|云南民族出版社,2010

00235/A0235 维西傈僳族民间音乐选(第二卷)|林永辉,等|云南民族出版社,2010

00236/A0236 维西傈僳族自治县非物质文化遗产名录(第一卷)|杨丽平,等|云南民族出版社,2010

00237/A0237 云南高黎贡山国家级自然保护区腾冲县横河村傈僳族传统文化传承与生物多样性保护|任万竹,等|云南科技出版社,2010

00238/A0238 云南少数民族学生留学巩固率策略研究——以维西傈僳族族为例|杨卉|云南人民出版社,2010

00239/A0239 云南特有民族百年实录傈僳族|傅仕敏,等|中国文史出版社,2010

00240/A0240 中国傈僳族|侯新华|中国民族摄影艺术出版社,2010

00241/A0241 中国文化知识读本·傈僳族|李姗姗|吉林文史出版社,2010

00242/A0242 中华民族大家庭知识读本·傈僳族|刘峰|新疆美术摄影出版社、新疆电子音像出版社,2010

00243/A0243　中华文化通志·民族文化典·彝、纳西、拉祜、基诺、傈僳、哈尼、白、怒族文化志|中华文化通志编委会|上海人民出版社，2010

2011 年

00244/A0244　阿娜的热泪|李自强，等|云南民族出版社，2011

00245/A0245　碧罗雪山歌韵文化|木玉璋|民族出版社，2011

00246/A0246　笛梦弦歌|熊泰河|云南民族出版社，2011

00247/A0247　歌舞为伴的民族——傈僳族历史文化漫记|中共德宏州委宣传部|云南美术出版社，2011

00248/A0248　各民族共创中华·西南卷·彝族、白族、傈僳族、哈尼族、普米族、景颇族、怒族的贡献|孙振玉|甘肃文化出版社，2011

00249/A0249　傈僳学研究(二)|鲁建彪|民族出版社，2011

00250/A0250　傈僳族文化之乡——泸水(旅游文化篇)|中共泸水县委，等|云南人民出版社，2011

00251/A0251　民族文化经典故事丛书·傈僳族|阙跃平，等|外语教学与研究出版社，2011

00252/A0252　怒江傈僳族自治州年鉴(2011)|怒江州地方志编纂委员会办公室|云南民族出版社，2011

00253/A0253　山脉后面的故事——19 世纪末 20 世纪初中国西南地区的傈僳族|(英)霍华德·泰勒夫人(著)，张晓琼等(编译)|民族出版社，2011

00254/A0254　泰国傈僳族社会发展和文化变迁——整体研究与个案调查|侯兴华|云南大学出版社，2011

00255/A0255　维西傈僳之韵|蔡武成，等|云南大学出版社，2011

00256/A0256　维西傈僳族自治县人民法院志|维西傈僳族自治县人民法院志编纂委员会|云南民族出版社，2011

00257/A0257　乡村的背面|玖合生|云南人民出版社，2011

00258/A0258　新创文字在文化变迁中的功能与意义阐释——以哈尼、傈僳和纳西族为例|马效义，等|民族出版社，2011

00259/A0259　中国民族经济村庄调查丛书·豪猪龙爪箐村调查(傈僳族)|黄健英，等|中国经济出版社，2011

2012 年

00260/A0260　保山·傈僳族民间歌舞集(1)|黎爱蓉等(收集整理)，余世珍(翻译)|德宏民族出版社，2012

00261/A0261　德宏·傈僳族传统文化集成(1)|胡兰英，等|德宏民族出版社，2012

00262/A0262　德宏·傈僳族风俗歌集成|曹大荣(整理)|德宏民族出版社，2012

00263/A0263　德宏少数民族织锦(中文、傣文、景颇文、载瓦文、傈僳文)|胡兰英，等|德宏民族出版社，2012

00264/A0264 丽江·傈僳族民间歌舞集(1)|徐晴,等|德宏民族出版社,2012

00265/A0265 丽江·傈僳族民间歌舞集(2)|徐晴,等|德宏民族出版社,2012

00266/A0266 傈僳语方言研究|木玉璋,等|民族出版社,2012

00267/A0267 怒江·傈僳族民间歌舞集(1)|杨元吉,等|德宏民族出版社,2012

00268/A0268 怒江·傈僳族民间歌舞集(2)|杨元吉,等|德宏民族出版社,2012

00269/A0269 维西·傈僳族民间歌舞集(1)|林永辉,等|德宏民族出版社,2012

00270/A0270 维西·傈僳族民间歌舞集(2)|子学功,等|德宏民族出版社,2012

00271/A0271 维西·傈僳族民间歌舞集(3)|李自强,等|德宏民族出版社,2012

00272/A0272 《维西见闻纪》研究|邓章应,等|四川大学出版社,2012

00273/A0273 中国56个民族神话故事典藏(名家绘本)·傈僳族、怒族、景颇族、普米族卷|李学勤,等|新蕾出版社,2012

00274/A0274 中国傈僳族|欧光明|宁夏人民出版社,2012

2013年

00275/A0275 傈僳学研究(三)|鲁建彪|云南民族出版社,2013

00276/A0276 傈僳学资料丛刊(第一辑)|鲁建彪,等|云南民族出版社,2013

00277/A0277 傈僳族服饰文化研究|何奎|云南大学出版社,2013

00278/A0278 怒江中游地区傈僳族民歌传承研究|罗梅|社会科学文献出版社,2013

00279/A0279 如歌怒江|熊泰河|云南民族出版社,2013

00280/A0280 云南少数民族古籍珍本集成·傈僳族|云南省少数民族古籍整理出版规划办公室|云南人民出版社,2013

00281/A0281 中国民间童话系列·鱼姑娘(傈僳族)|向华|生活·读书·新知三联书店,2013

2014年

00282/A0282 傈僳语366句会话句|欧光明,等|社会科学文献出版社,2014

B 期刊论文

1957 年

00283/B0001　对云南怒江区傈僳族社会性质的初步探讨|杨晓航|财经科学,1957(3)

1958 年

00284/B0002　大理"三月街"|林|民族团结,1958(3)

00285/B0003　怒江地区的傈僳族|康慎|民族团结,1958(4)

1959 年

00286/B0004　碧罗雪山新垦地的丰收|尚武|民族团结,1959(1)

00287/B0005　"喝水不忘掘井人"|黄昌禄|民族团结,1959(2)

00288/B0006　傈僳人民的欢乐|尚武|民族团结,1959(2)

1960 年

00289/B0007　傈僳姑娘(木刻)|江碧波|文艺报,1960(22)

1962 年

00290/B0008　当您拿起笔来的时候……|田春野|民族团结,1962(8)

1963 年

00291/B0009　1801 年云南傈僳族人民反封建起义|王恒杰|历史教学,1963(11)

00292/B0010　在阳光里成长——记傈僳族大学生余姜游|乔传藻|民族团结,1963(7)

1964 年

00293/B0011　读《1801—1803 年云南傈僳族反封建起义》|赵学谦|历史教学,1964(8)

00294/B0012　在怒山怒水之间——纪念怒江傈僳族自治州成立十周年|崔彰|民族团结,1964(Z2)

1965 年

00295/B0013 僳僳族的造纸女工|《民族团结》编辑部|民族团结,1965(Z1)

00296/B0014 毛主席给僳僳族派来的造福人——记王克荣和他领导的民族工作队|龙凌云|民族团结,1965(4)

1966 年

00297/B0015 僳僳人爱读毛主席的书(僳僳族民歌)|张稚(整理)|边疆文艺,1966(1)

1978 年

00298/B0016 谈谈僳僳族民间文学|刘达成|思想战线,1978(6)

1979 年

00299/B0017 泰国的僳僳族和瑶族|乐赛月|民族译丛,1979(3)

1980 年

00300/B0018 1821 年云南永北各族农民起义|王恒杰|历史教学,1980(6)

00301/B0019 光加桑的故事(僳僳族)|祝发清等(整理)|山茶,1980(2)

00302/B0020 猴子扳包谷(僳僳族)|毛佑全等(整理)|山茶,1980(2)

00303/B0021 解放前怒江僳僳族土地形态初探|杨毓才,等|经济问题探索,1980(3)

00304/B0022 牧羊歌(僳僳族长歌)|李中功(搜集整理)|山茶,1980(3)

00305/B0023 兔子和狐狸(僳僳族)|祝发清等(整理)|山茶,1980(2)

1981 年

00306/B0024 赴汤・蹈火・上刀山——云南僳僳族刀杆节剪影|阳举之|瞭望,1981(2)

00307/B0025 鸽子树——“蜡比字”、“藕拉”|张李阳|云南林业,1981(3)

00308/B0026 僳僳族谚语三则|何君义(搜集整理)|边疆文艺,1981(2)

00309/B0027 泉水流到“天地相接的地方”|尹善龙|民族团结,1981(11)

1982 年

00310/B0028 宝葫芦(僳僳族)|叶世富等(搜集整理)|山茶,1982(2)

00311/B0029 恒乍绷的故事(僳僳族)|王正觉(搜集整理)|山茶,1982(5)

00312/B0030 花僳僳的双管乐器——阿其诀列和达提吐|张学文|人民音乐,1982(1)

00313/B0031 加趴嗒(僳僳族口弦调)|周忠枢等(搜集整理)|山茶,1982(2)

00314/B0032 丽江县重视僳僳文的扫盲工作|云南省民语委|民族工作,1982(12)

00315/B0033 僳僳族图案|杨均|山茶,1982(2)

00316/B0034　连心鱼(傈僳族)|杨阿石等(记录整理)|山茶,1982(2)

00317/B0035　猎歌(三首)(傈僳族)|左江等(搜集整理)|山茶,1982(2)

00318/B0036　论傈僳族共耕制的形成发展和转化|杨光民|经济问题探索,1982(2)

00319/B0037　骂龙调(傈僳族祭歌)|赵秉良等(搜集整理)|山茶,1982(2)

00320/B0038　奇葩异彩——我国多声部民歌赞|黎英海,等|中国音乐,1982(3)

00321/B0039　水牛和老虎|祝发清等(搜集整理)|山茶,1982(2)

00322/B0040　谈谈傈僳语中的词头 a-|木玉璋|民族语文,1982(2)

00323/B0041　忘恩负义的小老虎|祝发清等(搜集整理)|山茶,1982(2)

00324/B0042　岩石月亮(傈僳族)|曹德旺等(搜集整理)|山茶,1982(2)

00325/B0043　一个“架桥”的傈僳人|杨苏|民族团结,1982(2)

1983 年

00326/B0044　阿傈僳的火塘旺了(傈僳族)|新洲|山茶,1983(3)

00327/B0045　飞人岩洞(傈僳族)|赵净修等(搜集整理)|山茶,1983(1)

00328/B0046　高山族峡谷的主人——傈僳族|刘扬武|民族团结,1983(7)

00329/B0047　火把节习俗及其传说浅谈|和钟华|山茶,1983(5)

00330/B0048　傈僳山寨喜事多|王学佐|民族团结,1983(1)

00331/B0049　傈僳语词汇研究|盖兴之|民族学报,1983(总 3)

00332/B0050　傈僳语概况|木玉璋,等|民族语文,1983(4)

00333/B0051　傈僳族弹拨乐器“其布厄”|吴隆振|中国音乐,1983(3)

00334/B0052　傈僳族弹拨乐器——“其布厄”|吴隆振|人民音乐,1983(12)

00335/B0053　傈僳族的年节——盍什|扬武|民族团结,1983(7)

00336/B0054　傈僳族乐器图片资料选登|刘扬武|乐器,1983(1)

00337/B0055　傈僳族青年医生密纪忠|常须|民族团结,1983(7)

00338/B0056　凌空铁索救亲人|饶隆庆|民族团结,1983(8)

00339/B0057　略论独龙族、怒族、佤族和傈僳族的共耕关系|田继周|云南社会科学,1983(6)

00340/B0058　民下兰坪傈僳、白族起义简述|张旭|大理文化,1983(2)

00341/B0059　谈傈僳族民歌的独特风格|朱宜初|思想战线,1983(1)

00342/B0060　谈谈新老傈僳文|盖兴之|民族语文,1983(5)

00343/B0061　云南省傈僳族人指纹和掌纹的研究|郭汉璧,等|遗传,1983(5)

1984 年

00344/B0062　不可思议的音乐节日——花傈僳的“刀杆节”|张学文|音乐爱好者,1984(3)

00345/B0063　傈僳婚礼|廖建军|滇池,1984(10)

00346/B0064 傈僳族近亲婚配群体的HLA家系研究|周鸣生,等|遗传与疾病,1984(1)

00347/B0065 贫困山区找到致富门路——花鹿塘生产队户均养蜂三十余群|杨希廷|蜜蜂杂志,1984(3)

00348/B0066 浅谈傈汉翻译中的语言形象问题|盖兴之|云南民族学院学报,1984(2)

00349/B0067 试论傈僳族民间故事|祝玉豪|思想战线,1984(3)

00350/B0068 四川德昌县傈僳族血缘婚配状况调查|向孟泽,等|遗传与疾病,1984(1)

00351/B0069 云南省怒江傈僳族自治州举行民族语文教学和扫盲工作会议|段伶|民族语文,1984(4)

1985年

00352/B0070 打虎姑娘|樊斌,等|中国健康月刊,1985(4)

00353/B0071 傈僳人的"父母官"|子涛|民族团结,1985(3)

00354/B0072 傈僳族乙型肝炎病毒感染的流行病学调查|刘正乐,等|四川医学院学报,1985(2)

00355/B0073 凉山地区彝族(诺合)和傈僳族ABO、Rh-Hr、MN、P血型的调查|卢月香,等|上海医学,1985(2)

00356/B0074 四川省傈僳族结核病流行病学调查(摘要)|周永芳,等|中国防痨通讯,1985(1)

00357/B0075 我们是怎样实现傈僳文无盲乡(拉巴支、兰香两个无盲乡)的总结|拉巴支乡乡人民政府|民族工作,1985(8)

00358/B0076 无媒的婚配|王嘉相|民族团结,1985(7)

00359/B0077 一幅照片为何有多种说明|维真|新闻战线,1985(10)

00360/B0078 一个近亲婚配率高的傈僳族人群红细胞G6PD缺乏率的初步调查|胡修原,等|遗传与疾病,1985(2)

00361/B0079 音乐和歌舞中的婚礼|胡义仁,等|山茶,1985(1)

00362/B0080 在那偏远的傈僳山寨|彭子京|妇女生活,1985(4)

1986年

00363/B0081 边疆特困山区经济发展的潜力|刘达成|经济问题探索,1986(7)

00364/B0082 艰辛的道路,执着地追求——记傈僳民间歌手蔡学珍|梅佳|民族音乐,1986(3)

00365/B0083 傈僳语话语材料——天翻地覆的故事(创世记)|木玉璋|民族语文,1986(5)

00366/B0084 傈僳族的春浴|王嘉相|民族团结,1986(2)

00367/B0085 傈僳族的多声部民歌|樊祖荫|中国音乐,1986(1)

00368/B0086 奇异的"备荒树"|杨培军|云南林业,1986(4)

00369/B0087 元明清时期的纳西族和傈僳族|尤中|云南社会科学,1986(3)

1987年

00370/B0088 怒江州举办新老傈僳文学术讨论会|段伶|民族语文,1987(5)

00371/B0089 七十二调与十月太阳历|杨民康|中国音乐,1987(2)

00372/B0090 上刀山下火海的节日——云南傈僳族刀杆节|王立力|中国民兵,1987(6)

00373/B0091 云南怒江傈僳族自治州陡坡垦殖刍议|高应新|山地研究,1987(3)

1988 年

00374/B0092 弹弓与弩|胡小明|体育文史,1988(5)

00375/B0093 独龙、怒、傈僳族的 ABO、MN、P 血型分布|金锋,等|遗传与疾病,1988(4)

00376/B0094 "甲马纸"与"上刀山"|张友乾|民族艺术研究,1988(4)

00377/B0095 傈僳人的抛接新娘|李静伟|旅游天地,1988(1)

00378/B0096 傈僳语中的一种词法变音|陈嘉瑛|民族语文,1988(1)

00379/B0097 傈僳族动物故事初探|密英文,等|民族文学研究,1988(2)

00380/B0098 傈僳族人民抵御外侮的斗争|欧光明|民族研究,1988(2)

00381/B0099 四川西南部彝族使用汉语的历史和现状|汪坤玉,等|南充师院学报(哲学社会科学版),1988(1)

00382/B0100 汪忍波獐皮书中的傈僳太极图|陈久金,等|中国科技史料,1988(3)

1989 年

00383/B0101 褚来四|李道生(整理)|山茶,1989(6)

00384/B0102 从"摆时摆"看怒江傈僳族音乐|赵艳芳|中国音乐,1989(1)

00385/B0103 勒墨夺扒|李道生(整理)|山茶,1989(6)

00386/B0104 傈僳族乐器演奏|刘扬武|民族艺术研究,1989(2)

00387/B0105 《怒江傈僳族自治州经济发展战略研究》获云南省科技进步三等奖|沈康达|地理环境研究,1989(2)

00388/B0106 怒江是怎么汇成的(傈僳族)|杨国璋等(搜集整理)|山茶,1989(6)

00389/B0107 盘古王的金拐杖(傈僳族)|朱叶(搜集整理)|山茶,1989(6)

00390/B0108 一棵核桃树使他成了阶下囚|田可,等|云南林业,1989(2)

00391/B0109 云南怒江傈僳族基督教信仰调查|张兴洪,等|西南民族学院学报(哲学社会科学版),1989(3)

00392/B0110 云南省怒江傈僳族自治州的人口问题|周定一|山地研究,1989(2)

00393/B0111 云南省怒江傈僳族自治州经济发展战略研究|怒江州发展战略研究课题组|地理环境研究,1989(1)

00394/B0112 竹篾溜索|王嘉相|山茶,1989(6)

1990 年

00395/B0113 边陲警民情|杨金高|民族团结,1990(11)

00396/B0114 从“摆时摆”看怒江傈僳族音乐的原始特色|赵艳芳|交响(西安音乐学院学报),1990(1)

00397/B0115 孤儿箫(傈僳族)|曹大荣(翻译整理)|山茶,1990(5)

00398/B0116 口弦(傈僳族)|曹大荣(翻译整理)|山茶,1990(5)

00399/B0117 苦傈僳的甜蜜|陈永明|民族团结,1990(11)

00400/B0118 傈僳欢歌|李安明|民族艺术研究,1990(4)

00401/B0119 傈僳情歌|王伯麟(搜集整理)|山茶,1990(5)

00402/B0120 傈僳族的祭鬼祀神|王红曼|楚雄师专学报,1990(2)

00403/B0121 傈僳族的体质特征研究|刘冠豪,等|人类学学报,1990(2)

00404/B0122 论傈僳族原始宗教|张桥贵|云南民族学院学报,1990(2)

00405/B0123 奇异的傈僳婚俗|赵国军|时代风采,1990(3)

00406/B0124 “粟栗”与“栗粟”考|冯魄|民族研究,1990(5)

00407/B0125 跳戛|曹大荣|山茶,1990(5)

1991 年

00408/B0126 到首都做客的傈僳族人|杨兴全,等|时代风采,1991(5)

00409/B0127 傈僳族的“嘟达达”|曹大荣|山茶,1991(3)

00410/B0128 傈僳族地区脊髓灰质炎发病及社区医疗康复情况|李有明|中国康复医学杂志,1991(4)

00411/B0129 傈僳族嚼烟能消炎|毛文中|医学文选,1991(4)

00412/B0130 傈僳族原始宗教与原始文化|陈一|中央民族学院学报,1991(6)

00413/B0131 四川省遗传病及先天畸形流行病学调查研究Ⅱ、藏、彝、苗、傈僳族调查结果|张思霖,等|优生与遗传,1991(4)

00414/B0132 下火海上刀山——傈僳族的气功|刘扬武|医学文选,1991(4)

00415/B0133 云南怒江傈僳族地区的基督教音乐文化|杨民康|中央音乐学院学报,1991(4)

00416/B0134 云南省怒江州傈僳族和勒墨族寄生虫感染情况的调查|杨家伦,等|中国寄生虫学与寄生虫病杂志,1991(S1)

1992 年

00417/B0135 摆脱贫困走向小康|李茂林|民族团结,1992(3)

00418/B0136 对《“粟栗”与“栗粟”考》一文的校正|杨毓才|中央民族学院学报,1992(5)

00419/B0137 姑嫂化鸟(傈僳族)|蔡成才等(采录)|山茶,1992(3)

00420/B0138 讲究美德的傈僳族|欧光明|民族团结,1992(3)

00421/B0139 近十年国内傈僳族研究综述|杨光民|云南民族学院学报,1992(2)

00422/B0140 傈僳族的澡塘会|张学忠|中国西部,1992(00)

00423/B0141　傈僳族的昨天和今天|李月英|民族团结,1992(3)

00424/B0142　傈僳族——渴求文化科学|木玉璋|民族团结,1992(3)

00425/B0143　傈僳族人为什么爱打猎(傈僳族)|胡万才等(采录)|山茶,1992(3)

00426/B0144　傈僳族食二款|张德智|中国烹饪,1992(4)

00427/B0145　麻大和桑牢(傈僳族)|张力(采录)|山茶,1992(3)

00428/B0146　怒江畔的傈僳风情|南雯|旅游,1992(11)

00429/B0147　石桥的来历(傈僳族)|谷桂兰(采录)|山茶,1992(3)

00430/B0148　试析兰坪少数民族的丧葬歌舞|李松发|民族艺术研究,1992(2)

00431/B0149　献荞(傈僳族)|章虹宇|山茶,1992(6)

1993 年

00432/B0150　传说与社会习俗——"火把节"故事研究|(日)伊藤清司,等|日本研究,1993(1)

00433/B0151　傈僳语数词的构成和用法|木玉璋|中央民族学院学报,1993(4)

00434/B0152　云南省怒江州六库地区傈僳族及汉族青少年患龋情况的调查报告|王晓卫,等|现代口腔医学杂志,1993(2)

1994 年

00435/B0153　槟榔江畔我的家|杨辉,等|云岭歌声,1994(6)

00436/B0154　充满希望的怒江林业|李茂泉|云南林业调查规划,1994(4)

00437/B0155　创建一个市场为黎明乡人开辟致富道路|和增华|创造,1994(6)

00438/B0156　花傈僳"刀杆节"的歌舞传说|张学文|云岭歌声,1994(5)

00439/B0157　来自澜沧江边的报告——云龙县表村傈僳族乡发展乡镇企业纪实|杨旭芸|民族工作,1994(12)

00440/B0158　傈僳人——献给古登傈僳族农民建筑队|李四明|民族工作,1994(11)

00441/B0159　傈僳族的"牛亲戚"|余新|民族工作,1994(4)

00442/B0160　傈僳族风情|李尔昌|乡镇论坛,1994(4)

00443/B0161　傈僳族音节文字造字法特点简介|木玉璋|民族语文,1994(4)

00444/B0162　怒江傈僳族自治州优势简介|祁阔庭|民族工作,1994(11)

00445/B0163　浅议民族地区科技特点与发展对策——兼议怒江傈僳族自治州科技发展途径|李向北|云南科技管理,1994(1)

00446/B0164　谈花傈僳的服饰文化|吴丽佳,等|民族艺术研究,1994(4)

00447/B0165　腾冲傈僳族服饰的文化内涵|吴丽佳,等|保山师专学报,1994(1)

00448/B0166　喜人的变化——写在怒江傈僳族自治州成立四十周年之际|邱三益|民族工作,1994(11)

00449/B0167　一位傈僳族姑娘迁滑记|裴清民|中州统战,1994(12)

00450/B0168 走向富裕的傈僳山寨|杨旭芸|中国民族教育,1994(3)

00451/B0169 醉人的歌琵琶的弦|陆棣,等|云岭歌声,1994(4)

1995 年

00452/B0170 边疆报业中的一株民族团结之花|李向前|中国记者,1995(9)

00453/B0171 傣族、傈僳族人口的死亡率和平均预期寿命及其差别|常建军,等|人口学刊,1995(2)

00454/B0172 高山峡谷的主人——傈僳族|刘扬武|地球,1995(4)

00455/B0173 鸡冠山下一盏灯|普从孟|天风,1995(10)

00456/B0174 景颇、傈僳风情拾萃|刘扬武|地理知识,1995(3)

00457/B0175 傈僳——纯真朴厚的民族|揣振宇|百科知识,1995(2)

00458/B0176 傈僳族|江凌|民族团结,1995(4)

00459/B0177 论傈僳族耕土地形态|杨光民|云南学术探索,1995(5)

00460/B0178 碾子房的故事|李森|滇池,1995(9)

00461/B0179 怒江傈僳族地区人口素质与现代化|李月英|民族工作,1995(S1)

00462/B0180 女子上刀杆|密英文|民族团结,1995(12)

00463/B0181 "千脚落地"的傈僳族民居|辛克靖|建筑,1995(1)

00464/B0182 四川省德昌县傈僳族自杀的调查|段诚风,等|临床精神医学杂志,1995(2)

00465/B0183 铁臂挽起民族兄弟——攀钢扶助少数民族贫困乡纪实|周裕君,等|四川统一战线,1995(2)

00466/B0184 峡谷飘来的云——傈僳族作家文学絮评|晨宏|民族文学研究,1995(1)

00467/B0185 云南省怒江傈僳族自治州扶贫考察报告|岳三峰,等|开发研究,1995(2)

1996 年

00468/B0186 东方大峡谷——怒江傈僳族自治州专辑|陈世杰,等|世界经济,1996(1)

00469/B0187 古老的琵琶"达比亚"|陈志新|中国音乐,1996(4)

00470/B0188 近代傈僳族各支系的分布与差异|马世雯|云南民族学院学报,1996(3)

00471/B0189 澜沧江畔兴教情——云龙县表村傈僳族乡集资办学记实|杨卓如|民族工作,1996(8)

00472/B0190 傈僳风俗浅考|黄昌莉|民俗,1996(4)

00473/B0191 论杜文秀的政治思想及其历史渊源|马经|云南民族学院学报,1996(3)

00474/B0192 青藤串起的歌|吴丽佳|民族艺术研究,1996(6)

00475/B0193 一个不嗜烟酒的傈僳村——地葛平村更新观念改变消费结构|杨正洪,等|民族工作,1996(7)

00476/B0194 云南民族学会傈僳族研究委员会召开第一届第三次年会|《民族工作》编辑部|民族工作,1996(12)

1997 年

00477/B0195　背竹篮的新娘——傈僳族婚姻趣谈|刘扬武|森林与人类,1997(1)

00478/B0196　乘风破浪志在远洋——我国第一代傈僳族女船员培训剪影|梁富伟|航海,1997(3)

00479/B0197　从“摆时摆”看怒江傈僳族音乐的原始特色|赵艳芳|云岭歌声,1997(5)

00480/B0198　从“摆时摆”看怒江傈僳族音乐的原始特色(续上期)|赵艳芳|云岭歌声,1997(6)

00481/B0199　关于维西县脱贫的思考|和建光|民族工作,1997(8)

00482/B0200　傈僳族|双木|中国民族教育,1997(3)

00483/B0201　傈僳族的刀杆节|青平|乡镇论坛,1997(4)

00484/B0202　傈僳族服饰:穿在身上的英雄史诗和浪漫情怀|斯琴高娃|中国民族博览,1997(5)

00485/B0203　傈僳族教育的现状及其对策|李茂林|民族教育研究,1997(2)

00486/B0204　傈僳族拦干爹|张朝政,等|西南民兵,1997(10)

00487/B0205　傈僳族食物传情|罗玉山|民族大家庭,1997(5)

00488/B0206　论傈僳族的传统道德思想中央民族大学|黄昌莉|中央民族大学学报(哲学社会科学版),1997(3)

00489/B0207　怒江傈僳族、怒族、独龙族贫困问题研究|张惠君|云南社会科学,1997(3)

00490/B0208　舞蹈创作断想——《阿傈傈》、《瑶山火》、《阿佤人》及其它|康瘦华|民族艺术研究,1997(2)

00491/B0209　一个傈傈少女的奇遇|李永实|民族杂志,1997(3)

00492/B0210　云南怒江傈僳族“期本”舞乐的考察与整理|周凯模|中国音乐,1997(4)

00493/B0211　云南怒江傈僳族的宗教信仰|李月英|中央民族大学学报(哲学社会科学版),1997(5)

00494/B0212　云南普米、傈僳、纳西、怒四个少数民族补体 C4 遗传多态性的检测|焦云萍,等|中华医学遗传学杂志,1997(5)

00495/B0213　云南省怒江傈僳旅自治州旅游开发|杨桂华,等|山地研究,1997(4)

1998 年

00496/B0214　爱心送维西——旅港美籍华人陈敏颖先生维西县扶贫记|查拉独几|民族工作,1998(7)

00497/B0215　边疆少数民族地区生态环境变迁与脱贫致富——云南省怒江傈僳族自治州经济开发新模式研究|傅志上,等|思想战线,1998(3)

00498/B0216　采取特殊措施保护原始森林和珍稀动物势在必行——来自维西傈僳族自治县的调查|尤力|民族工作,1998(7)

00499/B0217　唱起“摆时”进北京|赵学瑛|民族工作,1998(11)

00500/B0218　从实际出发　构建傈僳族贫困地区的新型集体经济——对维西县新化村的实地调查及启示|赵鸿|经济问题探索,1998(2)

00501/B0219　飞越峡谷的歌声|熊巍|云岭歌声,1998(5)

00502/B0220　高原村夜|李智红|青海金融,1998(11)

00503/B0221　火把节的文化含义研究|谢沫华|云南学术探索,1998(2)

00504/B0222　交通维西县脱贫致富的生命线|尤力|民族工作,1998(2)

00505/B0223　哭开求亲门|赵国军|西南民兵,1998(10)

00506/B0224　傈僳族的"澡塘会"|密英文|民族工作,1998(2)

00507/B0225　傈僳族农民合唱团惊动京城|杜京|中国民族,1998(9)

00508/B0226　傈僳族少女漂泊奇遇记|野村,等|中国民族,1998(6)

00509/B0227　傈僳族少女漂泊万里返家园|野村,等|时代风采,1998(8)

00510/B0228　傈僳族社会生活中的巫文化|胡玉英|云南民族学院学报,1998(2)

00511/B0229　面对现代化发展的傈僳族传统文化|李月英|云南民族学院学报,1998(4)

00512/B0230　人间自有真情在——发生在被拐少女与派出所民警间的故事|野村,等|人大建设,1998(7)

00513/B0231　人在旅途|密英文|边疆文学,1998(7)

00514/B0232　十八岔傈僳话音位系统研究|余德芬|云南民族学院学报,1998(3)

00515/B0233　世上只有妈妈好——傈僳少女绝处逢生|野村,等|蓝盾,1998(8)

00516/B0234　谈《高山彩云》的创作|马天菊|民族艺术研究,1998(2)

00517/B0235　应科学地对待民族特色的宣传|乌凤兰|中国广播电视学刊,1998(3)

00518/B0236　元以来纳西族与傈僳族社会发展差异原因初探|高志英|云南学术探索,1998(1)

00519/B0237　中国云南纳西、普米、怒和傈僳四民族补体B因子多态性的检测|丁明,等|中华医学遗传学杂志,1998(5)

1999年

00520/B0238　大伙称我"蔡铁人"|蔡德清|中国公路,1999(17)

00521/B0239　当前关于傈僳文图书出版的几个问题|斯陆益|云南民族学院学报,1999(5)

00522/B0240　德昌傈僳族|边绍伟,等|中国摄影家,1999(2)

00523/B0241　高黎贡山:请相信我们会富起来——一对年已七旬的彝族傈僳族夫妇年收入超过两万元,就是一个见证|尹善龙|民族团结,1999(12)

00524/B0242　高黎贡山地区的傈僳族狩猎文化与生物多样性保护|艾怀森|云南地理环境研究,1999(1)

00525/B0243　高原村夜|李智红|草地,1999(6)

00526/B0244　傈僳的好"托颚摩苏"|徐开平|民族工作,1999(8)

00527/B0245　傈僳少女誓嫁北方郎|李作明|上海采风,1999(11)

00528/B0246 傈僳族的狩猎文化|艾怀森|野生动物,1999(1)

00529/B0247 傈僳族民间舞蹈且吾且|边吉|满族研究,1999(2)

00530/B0248 龙陵风情二则|张朝政,等|西南民兵,1999(1)

00531/B0249 民族山寨里的“学生村”|屈明光,等|记者观察,1999(1)

00532/B0250 试论基督教在怒江地区傈僳族社会变迁中的整合功能|任新民|思想战线,1999(5)

00533/B0251 推行傈僳文是提高教学质量和加速扫盲进程的有效途径|密秀英|中国民族教育,1999(3)

00534/B0252 一个农民创造的傈僳音节文字|李汝春|云南史志,1999(4)

00535/B0253 一位傈僳族少女的爱情浪漫|李作明|时代风采,1999(9)

00536/B0254 彝、傈僳族与汉族躁狂症的临床特征对照研究|黄国平,等|四川精神卫生,1999(3)

00537/B0255 撞山·撞水·撞火——舞蹈诗《啊,傈僳》观感|阿笠|舞蹈,1999(2)

2000 年

00538/B0256 啊!傈僳——一个挺立在峭壁上的民族|聂乾先|舞蹈,2000(4)

00539/B0257 从大山到大海|吴锦祥|中国水运,2000(4)

00540/B0258 火与傈僳人|余新|散文,2000(11)

00541/B0259 极限明信片欣赏《基诺族》和《傈僳族》|张锦纯|上海集邮,2000(1)

00542/B0260 傈僳族的传统思想及其当代社会观念的演变|马世雯|云南民族学院学报,2000(5)

00543/B0261 傈僳族的实物请柬|章天柱|中国民族博览,2000(6)

00544/B0262 麻栗山扶贫纪事|赵学瑛|民族工作,2000(10)

00545/B0263 民族心灵的抒情之歌——读傈僳族诗人杨泽文诗集《回望》|舒家骅|民族文学研究,2000(3)

00546/B0264 怒江峡谷走出傈僳族女海员|吴锦祥|民族团结,2000(5)

00547/B0265 欧巴底的老猎人|俞茹|民族团结,2000(6)

00548/B0266 四川的傈僳族|帅鹏|四川统一战线,2000(3)

00549/B0267 腾冲傈僳族舞蹈的发展与创新|王瑞娜|民族艺术研究,2000(5)

00550/B0268 无字的情书|王家富|民族工作,2000(10)

00551/B0269 永德忙海水库附近大岩子寨的傈僳族|李国文|云南民族学院学报,2000(3)

00552/B0270 勇上“刀杆”的傈僳族|彭谦|神州学人,2000(10)

00553/B0271 云南迪庆州维西县傈僳族老人头发中多种微量元素水平调查|朱光辉,等|广西化工,2000(S1)

00554/B0272 云南省傈僳族人头面部微机测量研究|马继康,等|中华医学美容杂志,2000(5)

00555/B0273　自然保护区周边村森林资源管理——腾冲县横河傈僳族村|寸瑞红|林业与社会,2000(6)

00556/B0274　走出自然经济的傈僳人|陈云,等|民族工作,2000(1)

2001 年

00557/B0275　从创世神话中探讨傈僳族的远古生活|黄昌莉|中央民族大学学报(哲学社会科学版),2001(1)

00558/B0276　傈僳山乡的好"拉茨格"|徐昕|支部生活,2001(11)

00559/B0277　傈僳少女|程昕|人与自然,2001(2)

00560/B0278　傈僳族的图腾与姓氏|杨杰,等|云南民族学院学报,2001(4)

00561/B0279　傈僳族药"打俄勒治"的原植物调查及生药鉴定|胡旭佳,等|时珍国医国药,2001(9)

00562/B0280　怒江傈僳澡堂会|《中外交流》编辑部|中外交流,2001(4)

00563/B0281　怒江傈僳族澡堂会|李旭|中国摄影家,2001(4)

00564/B0282　奇特的炊餐具|刘扬武|风景名胜,2001(6)

00565/B0283　青青绿草呼唤春的脚步——暑期云南怒江傈僳族自治州培训见闻|林子|天风,2001(5)

00566/B0284　维西县不同民族初中生的心理健康状况比较|李辉,等|云南师范大学学报(教育科学版),2001(2)

00567/B0285　依靠科技是民族贫困山区脱贫致富的最终选择——云南省大姚县湾碧傣族、傈僳族乡科技扶贫记实|李建增,等|云南农业科技,2001(4)

2002 年

00568/B0286　彼此相爱万里情|朱发德,等|天风,2002(6)

00569/B0287　不进省城当"官"甘为怒江拓绿|杨梅|云南林业,2002(5)

00570/B0288　插秧祭|陈应国|云南农业,2002(8)

00571/B0289　法人类学的体验——云南省怒江大峡谷傈僳族习惯法文化简析|王学辉|西南民族学院学报(哲学社会科学版),2002(7)

00572/B0290　高黎贡山傈僳族传统森林资源管理初步研究|寸瑞红|北京林业大学学报(社会科学版),2002(Z1)

00573/B0291　古老的禁屠护兽节|陈自祥|今日民族,2002(7)

00574/B0292　火之歌——浅谈创作《啊傈僳》音乐的体会|王瑞强|云岭歌声,2002(9)

00575/B0293　傈颇话概况|木玉璋|民族语文,2002(4)

00576/B0294　傈僳、景颇、怒族中小学生心理健康状况研究|杨洪猛,等|云南师范大学学报(哲学社会科学版),2002(S1)

00577/B0295　傈僳山寨闯富路|唐元华,等|致富天地,2002(12)

00578/B0296 傈僳山寨靠科技致富|唐元华,等|云南农业,2002(8)

00579/B0297 傈僳族的"手抓饭"|魏向阳|大理文化,2002(4)

00580/B0298 傈僳族的原始记事方法与文书档案|陈子丹,等|云南档案,2002(2)

00581/B0299 傈僳族儿童非智力因素的发展现状及教育对策|任旭林,等|云南师范大学学报(教育科学版),2002(3)

00582/B0300 傈僳族三弦歌舞音乐(上)|傅晓,等|音乐探索(四川音乐学院学报),2002(3)

00583/B0301 傈僳族三弦歌舞音乐(下)|傅晓,等|音乐探索(四川音乐学院学报),2002(4)

00584/B0302 傈僳族与碧乃金|杨永红|中国民族民间医药杂志,2002(1)

00585/B0303 林业帮扶傈僳人奔小康——华坪县林业局实践"三个代表"纪实|杨荣飞,等|云南林业,2002(2)

00586/B0304 怒江傈僳族音乐文化的特点|董瀚|民族艺术研究,2002(2)

00587/B0305 怒族、景颇族、傈僳族学生的认知方式发展与创造力关系的研究|吴永波,等|云南师范大学学报(教育科学版),2002(2)

00588/B0306 怒族、傈僳族和景颇族儿童认知发展研究|任旭林,等|心理学探新,2002(3)

00589/B0307 奇特的餐饮具|刘扬武|第二课堂(A),2002(Z2)

00590/B0308 浅谈傈僳族传统体育文化|方征|体育文化导刊,2002(3)

00591/B0309 神奇的"刀杆节"|张正光|旅游纵览,2002(11)

00592/B0310 神奇的"刀杆节"——上刀山下火海是一项古老的体育运动|张正光|云南农村经济,2002(4)

00593/B0311 神奇的刀杆节|张正光|云南农业,2002(6)

00594/B0312 跳戛(傈僳族·云南)|栋五(讲述),曹大荣(采录)|儿童音乐,2002(4)

00595/B0313 哇忍波的傈僳族音节文字|段菊花|云南档案,2002(1)

00596/B0314 我国普米族、傈僳族、怒族和纳西族补体第 3 成分遗传多态性的研究|王亚雷,等|华中科技大学学报(医学版),2002(6)

00597/B0315 峡谷情深——记全国实践"三个代表"基层干部标兵、泸水县秤杆乡双奎地村党支部书记胡兴忠|昌文|支部生活,2002(9)

00598/B0316 云南傈僳和布依族六个基因座的遗传多态性分析|李德林,等|昆明医学院学报,2002(1)

00599/B0317 中国普米族、傈僳族 STR 遗传多态性研究|赖江华,等|遗传学报,2002(11)

00600/B0318 走近叶枝——一个傈僳族文化山乡的解析|周文华,等|城市规划,2002(1)

2003 年

00601/B0319 "刀山火海"只等闲|代吉成|云南消防,2003(2)

00602/B0320 迪庆维西傈僳族器乐组合的构成|王亚春|云岭歌声,2003(11)

00603/B0321 富有特色的花傈僳民间音乐舞蹈|冯文俊|云岭歌声,2003(4)

00604/B0322 火把节，魅力四射|王理|时代消防，2003(5)

00605/B0323 丽江华坪花傈僳婚礼实录|赵伯乐|原住民教育季刊，2003(30)

00606/B0324 傈僳女人|李梦游|丝绸之路，2003(7)

00607/B0325 傈僳人的短笛|李尚华|云岭歌声，2003(9)

00608/B0326 傈僳人家的日子|存文学|今日民族，2003(2)

00609/B0327 傈僳山寨篝火熊|王瑞强|云岭歌声，2003(3)

00610/B0328 傈僳族上刀杆下火海|朝霞|今日民族，2003(9)

00611/B0329 论生态旅游与怒江傈僳族民俗文化的保护|陈真波，等|创造，2003(7)

00612/B0330 难弃知子罗|张继民|生态经济，2003(12)

00613/B0331 怒、傈僳和景颇族中小学生非智力发展研究|任旭林，等|湖南师范大学教育科学学报，2003(2)

00614/B0332 人生音符醉峡谷——记民族音乐家杨元吉|罗世保|云岭歌声，2003(7)

00615/B0333 三江并流地区的一个傈僳族村寨|成卫东|中国民族，2003(8)

00616/B0334 《石月亮》——傈僳人的骄傲——导演手记|查丽芳|民族艺术研究，2003(S2)

00617/B0335 无畏如山——傈僳族|《今日民族》编辑部|今日民族，2003(12)

00618/B0336 峡谷人家(傈僳族木楞房)|朱恩光|建筑知识，2003(6)

00619/B0337 亦酒亦食品"侠拉"|娜福才|今日民族，2003(7)

00620/B0338 英语与傈僳语构词法比较|李强|云南师范大学学报(哲学社会科学版)，2003(4)

00621/B0339 云南怒江傈僳族妇女与宗教|袁芳，等|中央民族大学学报(哲学社会科学版)，2003(1)

00622/B0340 竹米山的故事|彭定武|边疆文学，2003(4)

00623/B0341 最忆是故乡(组章)|密英文|滇池，2003(4)

2004 年

00624/B0342 "摆时"情缘|杨元吉|今日民族，2004(11)

00625/B0343 《保护小羊》教案|郎荣荣|音乐天地，2004(7)

00626/B0344 "滇文化"——云南民族文化的"祖型"|刘彬桂|创造，2004(11)

00627/B0345 胡兴忠情系傈僳山寨|张利|中华儿女(海外版)，2004(2)

00628/B0346 火把节探源|洪卫东|中国民族，2004(1)

00629/B0347 鸡足山下的傈僳族音乐|石翠泉|云岭歌声，2004(4)

00630/B0348 军队转业干部的贴心人——怒江傈僳族自治州军转安置工作纪实|刘富贵，等|云南国防，2004(6)

00631/B0349 傈僳山寨的好园丁——记巍山县牛街乡架妈佐小学傈僳族教师杨应昌|陈光然|云南教育(小学教师)，2004(33)

00632/B0350 傈僳语与英语的形容词用法比较及语言和思维的互动|李强|云南民族大学学报(哲学社会科学版)，2004(3)

00633/B0351　傈僳族的《荷马史诗》——《阿考诗经》|陆文|青年与社会,2004(7)

00634/B0352　傈僳族的婚礼|胡小平|新西部,2004(9)

00635/B0353　傈僳族婚礼|艾绍强,等|华夏人文地理,2004(12)

00636/B0354　傈僳族婚礼亲历记|胡小平|中国西部,2004(5)

00637/B0355　傈僳族雷响茶|万云龙|茶苑,2004(3)

00638/B0356　傈僳族生态观及其现实意义|蒙睿,等|云南师范大学学报(哲学社会科学版),2004(3)

00639/B0357　傈僳族学龄儿童营养现况调查|张雪辉,等|昆明医学院学报,2004(S1)

00640/B0358　傈僳族竹书文字的异体字初探|高慧宜|云南民族大学学报(哲学社会科学版),2004(6)

00641/B0359　论高山、彝、傈僳、景颇等民族口弦音乐的音组织特征|应有勤|中央音乐学院学报,2004(2)

00642/B0360　怒江:积聚后发优势,实现跨越发展——访全国人大代表、怒江傈僳族自治州州长欧志明|赵永兴|今日民族,2004(5)

00643/B0361　怒江傈僳族自治州成立 50 周年标志图案征集启事|方绍荣|今日民族,2004(2)

00644/B0362　亲历傈僳族婚礼|《西南航空》编辑部|西南航空,2004(4)

00645/B0363　亲历傈僳族原始奇特的婚礼|胡小平|旅游,2004(7)

00646/B0364　融入自然的神秘民族|张春文|青年作家,2004(9)

00647/B0365　神奇的"刀杆节"|张正光|时代金融,2004(12)

00648/B0366　唐至清代傈僳族、怒族流变历史研究|高志英|学术探索,2004(8)

00649/B0367　雄关漫道真如铁而今迈步从头越——庆祝怒江傈僳族自治州成立 50 周年|解毅,等|今日民族,2004(11)

00650/B0368　澡塘之水还能清澈多久?|狄秋|西部大开发,2004(1)

2005 年

00651/B0369　20 世纪的傈僳族作家文学|密英文|民族文学研究,2005(1)

00652/B0370　把握"两个共同"主题认真贯彻怒江州自治条例|和志阳|今日民族,2005(9)

00653/B0371　槟榔江畔的傈僳新村——访保山市民宗局"兴边富民示范点"长塘村|赵芳|今日民族,2005(12)

00654/B0372　滇滩镇傈僳族风情趣谈|赵贵品,等|今日民族,2005(7)

00655/B0373　歌飞僳乡　舞动维西——维西傈僳族自治县成立 20 周年庆祝活动举行|沈亮军|今日民族,2005(10)

00656/B0374　歌为媒松为柬舞为婚|王嘉相|今日民族,2005(7)

00657/B0375　鹤庆花傈僳的奇异葬礼|梁波|大理文化,2005(5)

00658/B0376 基于高斯混合模型的非母语说话人口音识别|赵征鹏,等|计算机工程,2005(6)

00659/B0377 利用3个STR位点多态性研究云南19个不同民族的遗传学关系|高雅,等|中国优生与遗传杂志,2005(10)

00660/B0378 傈僳歌手的心路历程|钱模|云岭歌声,2005(1)

00661/B0379 怒、傈僳、景颇族中小学生创造力的比较|张霞,等|中国心理卫生杂志,2005(10)

00662/B0380 亲历傈僳族原始奇特的婚礼|胡小平|厦门航空,2005(4)

00663/B0381 商业形式包装民族电影——第一部描写傈僳族传奇生活的电影《怒江魂》营销策划方案|高军|中国电影市场,2005(10)

00664/B0382 少数民族传统文化的两难境地——以云南元谋姜驿乡傈僳族为例|杨甫旺|楚雄师范学院学报,2005(4)

00665/B0383 神奇的"刀杆节"|张正光|农业知识,2005(8)

00666/B0384 神奇的"刀杆节"|张正光|丝绸之路,2005(9)

00667/B0385 神奇的"刀杆节"|张正光|百科知识,2005(3)

00668/B0386 试论云南怒江傈僳族自治州旅游市场的拓展|王珍曙|湖南农业大学学报(社会科学版),2005(2)

00669/B0387 树立科学发展观提高效益促发展——工商银行怒江傈僳族自治州分行|《西南金融》编辑部|西南金融,2005(3)

00670/B0388 峡谷深处傈僳人|花粉|游遍天下,2005(9)

00671/B0389 云南六库傈僳族学龄儿童血清铜含量分析|李映苓,等|昆明医学院学报,2005(2)

00672/B0390 云南腾冲胆扎村傈僳族民族生态史调查|艾怀森|云南地理环境研究,2005(5)

00673/B0391 在傈僳乡亲之中|祁茂林|源流,2005(9)

2006 年

00674/B0392 2006年云南省中小学十佳教师之雷云华:傈僳山寨拥戴的景颇族教师|德宏州教育局|云南教育(视界综合版),2006(8)

00675/B0393 5个中国人群Y染色体上17个双等位基因位点的多态性分析|俞建昆,等|应用与环境生物学报,2006(2)

00676/B0394 爱上跳"瓦器器"的傈僳族|张有林,等|云南画报,2006(1)

00677/B0395 《摆时》的艺术特点|和永祥|民族音乐,2006(2)

00678/B0396 《摆时》情缘|杨元吉|民族音乐,2006(2)

00679/B0397 丙中洛人神共居的地方|张永权|民族音乐,2006(4)

00680/B0398 播种致富希望的山里人|余务,等|致富天地,2006(7)

00681/B0399 春浴在怒江|杨齐福|今日民族,2006(5)

00682/B0400 从《傈僳族阿考诗经》和《傈僳族祭祀经》谈口传文化|郑千山|今日民族,2006(12)

00683/B0401　从《傈僳族祭祀经》触摸傈僳族文化的古老灵魂|李开义|今日民族,2006(12)

00684/B0402　大陆最西化的地方 竟在深山？|陈乐|南方人物周刊,2006(30)

00685/B0403　德昌县傈僳族和彝族结核病患病率调查分析|吴尚文|寄生虫病与感染性疾病,2006(3)

00686/B0404　关于"香格里拉民族医药"概念的提出|郑进|云南中医学院学报,2006(6)

00687/B0405　基督教与云南怒江傈僳族社会|沈坚|历史教学问题,2006(1)

00688/B0406　傈僳族|摩根|素质教育博览(小学低年级版),2006(Z1)

00689/B0407　傈僳族节日习俗的社会文化功能|马雪峰|保山师专学报,2006(6)

00690/B0408　傈僳族"三大调"|赵师简|民族音乐,2006(2)

00691/B0409　傈僳族传统音乐|杨元吉|民族音乐,2006(2)

00692/B0410　傈僳族的原始多神教|和文琴|玉龙山·WORLD 丽江,2006(5)

00693/B0411　傈僳族地区预防保健工作者应对艾滋病能力的调查和干预|陈青松,等|中国艾滋病性病,2006(2)

00694/B0412　傈僳族服饰所透射出的地域文化内涵|吴建勤,等|甘肃农业,2006(11)

00695/B0413　傈僳族服饰文化探议|徐写秋,等|科技信息,2006(12)

00696/B0414　傈僳族古朴热情的迎客俗|王力|今日民族,2006(1)

00697/B0415　傈僳族呼风唤雨的秘密|张悦|大观周刊,2006(31)

00698/B0416　《傈僳族祭祀经》的文化价值|车银川|今日民族,2006(12)

00699/B0417　傈僳族节日习俗的社会文化功能|马雪峰|保山师专学报,2006(6)

00700/B0418　傈僳族小学生营养干预效果评价|赵春,等|中国公共卫生,2006(9)

00701/B0419　傈僳族学龄儿童营养健康教育前后知识态度行为调查|赵春,等|中国校医,2006(1)

00702/B0420　傈僳族音乐之花——《大峡谷中的原始歌舞——傈僳族三弦调》读后|冯光钰|音乐探索(四川音乐学院学报),2006(1)

00703/B0421　傈僳族竹书文字考释方法研究|高慧宜|中文自学指导,2006(1)

00704/B0422　《傈僳族竹书文字研究》即将出版|扬之水|内江师范学院学报,2006(5)

00705/B0423　龙陵县木城彝族傈僳族乡基础教育历史与现状调查及对策研究|马晓龙,等|保山师专学报,2006(3)

00706/B0424　怒江傈僳族|和英贤|民族音乐,2006(2)

00707/B0425　怒江傈僳族|拉姆|科学大观园,2006(22)

00708/B0426　怒江傈僳族农民合唱团大事记|《民族音乐》编辑部|民族音乐,2006(2)

00709/B0427　浅析傈僳族风俗与儿童的社会性发展|张永华,等|西昌学院学报(社会科学版),2006(4)

00710/B0428　亲历傈僳族婚礼|胡小平|西南航空,2006(5)

00711/B0429　亲历傈僳族原始奇特的婚礼|胡小平|中华文化画报,2006(8)

00712/B0430 上刀山，下火海|张怡|农村·农业·农民(B版)，2006(10)

00713/B0431 上刀山的傈僳族姑娘|王洪伟|当代旅游，2006(2)

00714/B0432 “生态贫民”不该付出温饱代价|何勇海|新西部，2006(11)

00715/B0433 诗意与生态美学——傈僳族作家杨泽文的生态观|赵淑琴|大理文化，2006(2)

00716/B0434 听命湖的秘密|中央电视台《走进科学》栏目|中国科技教育，2006(3)

00717/B0435 维护民族团结构建和谐怒江——怒江傈僳族自治州民族工作走笔|怒江州民委|今日民族，2006(1)

00718/B0436 维西大词戏与傈僳族音节文字|和翠芳，等|云南档案，2006(2)

00719/B0437 维西新貌|李雨霖，等|云南画报，2006(1)

00720/B0438 寻访傈僳族(上)|张惠君|今日民族，2006(1)

00721/B0439 寻访傈僳族(下)|张惠君|今日民族，2006(2)

00722/B0440 云南傈僳族学龄儿童营养性贫血的干预研究|赵春，等|中国学校卫生，2006(6)

00723/B0441 云南山区傈僳族小学生营养状况调查|赵春，等|中国公共卫生，2006(8)

00724/B0442 中国西南的傈僳族及其宗教信仰|张泽洪|宗教学研究，2006(3)

00725/B0443 祝发清：奔流不息怒江水|祝林华|今日民族，2006(10)

2007 年

00726/B0444 艾傈木诺访谈：一半是傈僳一半是德昂|艾傈木诺|诗歌月刊，2007(9)

00727/B0445 白云相伴傈僳人|王清华，等|中华遗产，2007(11)

00728/B0446 保护自然遗产　发展旅游经济|何永芳|社会主义论坛，2007(6)

00729/B0447 边疆民族地区小城镇发展对策研究——以云南省怒江州边境3县为例|杨旺舟，等|资源开发与市场，2007(12)

00730/B0448 沧桑叶枝镇|刘建华|今日民族，2007(8)

00731/B0449 从傈僳族竹书之发生看文字发生的复杂性|高慧宜|华东师范大学学报(哲学社会科学版)，2007(2)

00732/B0450 刀峰上的精灵|霍明，等|中华遗产，2007(3)

00733/B0451 邓恒来：群众致富带头人|刘为民|山西农业(村委主任)，2007(11)

00734/B0452 《杜文秀起义研究》序|马颖生|回族研究，2007(4)

00735/B0453 近十余年傈僳族研究综述|解鲁云|云南民族大学学报(哲学社会科学版)，2007(4)

00736/B0454 拉祜语、傈僳语四音格词的比较研究|刘劲荣|暨南学报(哲学社会科学版)，2007(4)

00737/B0455 丽江“刀杆节”——勇敢与智慧的激情演绎|张正光|西部资源，2007(4)

00738/B0456 丽江“刀杆节”——勇敢与智慧的激情演绎|张正光|云南档案，2007(6)

00739/B0457 傈僳人打歌多潇洒|马莲|民族音乐，2007(5)

00740/B0458 傈僳人养殖马蜂成产业|宋明|民族杂志,2007(12)

00741/B0459 傈僳族|《今日民族》编辑部|今日民族,2007(8)

00742/B0460 傈僳族的婚俗仪式及功能分析|徐海柱|南都学坛,2007(2)

00743/B0461 傈僳族服饰|徐写秋,等|今日民族,2007(3)

00744/B0462 傈僳族女性婚恋方式及传承对妇女地位和角色的影响|宋建峰,等|学术探索,2007(6)

00745/B0463 傈僳族社区经济发展及其农业产业结构调整探析——以云南省武定县插甸乡安乐德村为例|鲁建彪|经济问题探索,2007(1)

00746/B0464 傈僳族澡塘会|董引春|中文信息(行游数码),2007(12)

00747/B0465 流动的文化和文化的流动——唐代以来傈僳族的迁徙及其文化变迁研究|高志英|学术探索,2007(3)

00748/B0466 奇特乐器奏风情——傈僳族的吹叶、三弦和口弦|刘扬武|乐器,2007(5)

00749/B0467 浅谈傈僳族传统社会中的自我教育|谷成杰,等|商业文化(学术版),2007(10)

00750/B0468 浅谈傈僳族民间歌舞的特点|陈建林,等|绵阳师范学院学报,2007(9)

00751/B0469 神奇的"刀杆节"|张正光|新农村,2007(4)

00752/B0470 唐至清傈僳族的分布与变迁|李文青|临沧师范高等专科学校学报,2007(4)

00753/B0471 听命湖|《中学生时代》编辑部|中学生时代,2007(1)

00754/B0472 听命湖的秘密|中央电视台《走近科学》栏目|少儿科技博览,2007(6)

00755/B0473 维西:向深山"掏宝"|李毅铭|农村实用技术,2007(1)

00756/B0474 维西河谷:一个老纳西的傈僳人印像|白郎,等|中国西部,2007(Z2)

00757/B0475 维西傈僳族自治县资源特点及发展建议|赵红梅|林业调查规划,2007(6)

00758/B0476 西部民族教育与发展——云南省维西县基础教育调查|周大鸣|西南民族大学学报(人文社会科学版),2007(1)

00759/B0477 峡谷里的春浴|姜汤,等|西南航空,2007(6)

00760/B0478 峡谷里的傈僳族春浴|姜汤,等|中国西部,2007(Z2)

00761/B0479 养羊成才的女能人|杨福军|致富天地,2007(9)

00762/B0480 云南华坪通达乡傈僳族面貌特征的比较研究|覃筱燕,等|广西医科大学学报,2007(6)

00763/B0481 云南傈僳族儿童头发中微量元素锌和铁含量的分析|简虹,等|昆明医学院学报,2007(2)

00764/B0482 中国少数民族新创文字在文化变迁中的功能与意义阐释——以哈尼、傈僳和纳西族为例|马效义|民族教育研究,2007(5)

00765/B0483 走进高原历炼人生——维西挂职感情|阮凤斌|云南人大,2007(4)

2008 年

00766/B0484 CCR2-64Ⅰ在中国南方 14 个少数民族群体中的分布|钱源,等|遗传,2008(3)

00767/B0485　DXS8378基因座等位基因分型标准物的制备及其遗传多态性|沈靓，等|西安交通大学学报(医学版)，2008(3)

00768/B0486　北欧萨米族与云南傈僳族交流成因分析|宋建峰|学术探索，2008(6)

00769/B0487　别了，高黎贡猎神|艾怀森|华夏地理，2008(11)

00770/B0488　沧江古刹——扎史达吉林|阿东·尼玛|今日民族，2008(11)

00771/B0489　春暖花开石洞河|罗林青|今日民族，2008(9)

00772/B0490　春天走在路上(外一首)|玖合生|民族文学，2008(5)

00773/B0491　大山深处闯富路|童国斌|致富天地，2008(1)

00774/B0492　东方大峡谷的民族医药之花——云南傈僳族医药简介|王寅，等|云南中医学院学报，2008(1)

00775/B0493　福贡行|曾云涛|今日民族，2008(5)

00776/B0494　高黎贡山傈僳汉|闵承龙，等|民族音乐，2008(5)

00777/B0495　花傈僳的服饰艺术|闵文新|玉龙山·WORLD丽江，2008(4)

00778/B0496　花傈僳的婚俗|闵文新|玉龙山·WORLD丽江，2008(1)

00779/B0497　紧急营救傈僳族少女|邱卫东，等|中国民兵，2008(8)

00780/B0498　傈僳迁徙的日子|密英文|民族文学，2008(2)

00781/B0499　傈僳山寨歌悠悠|庄文勤|作文周刊(综合版)，2008(42)

00782/B0500　傈僳语圣经翻译传播及其社会文化影响|王再兴|云南社会科学，2008(2)

00783/B0501　傈僳族"手抓饭"——小食俗　大文化|肖迎|今日民族，2008(9)

00784/B0502　傈僳族本土民间音乐|杨秀|民族音乐，2008(3)

00785/B0503　傈僳族档案文献及其开发利用|陈子丹|档案学通讯，2008(3)

00786/B0504　傈僳族的"狂欢节"——澡堂会|李存修|中国铁路文艺，2008(5)

00787/B0505　傈僳族民间音乐|李延红|音乐周报，2008(3)

00788/B0506　傈僳族女性信仰变迁与当代社会和谐|宋建峰|云南行政学院学报，2008(6)

00789/B0507　傈僳族音乐文化初探|焦一梅，等|大理学院学报，2008(1)

00790/B0508　论傈僳族民间歌舞的深层文化心理|陈建林|电影评介，2008(19)

00791/B0509　宁蒗傈僳族治疗呼吸系统疾病验方录|彭朝忠，等|中国民族医药杂志，2008(3)

00792/B0510　怒江"澡塘会"：人与自然的零距离对话|李风，等|中国三峡，2008(4)

00793/B0511　普米族与傈僳族文学的自然视阈与叙事范型初探|宋建峰|昆明大学学报，2008(3)

00794/B0512　怒江上的赞美诗|万黄婷|时代教育，2008(7)

00795/B0513　日子及傈僳迁徙|密英文|边疆文学，2008(8)

00796/B0514　社会变迁与新老文字选择——以傈僳族为例|马效义|湖北民族学院学报(哲学社会科学版)，2008(5)

00797/B0515 神奇的“刀杆节”|张正光|老人世界,2008(2)

00798/B0516 诗蜜娃底傈僳人的天堂家园|何海燕,等|云南画报,2008(2)

00799/B0517 是“傈僳族”还是“傈僳族”|令怡|小学语文教师,2008(7)

00800/B0518 水族水文和傈僳族竹书的异体字比较研究|高慧宜|民族论坛,2008(3)

00801/B0519 四川攀枝花市傈僳族儿童传统文化教育初探——以岩门傈僳族乡为例|刘正发|黑龙江民族丛刊,2008(5)

00802/B0520 泰国傈僳族|侯兴华,等|东南亚纵横,2008(9)

00803/B0521 维西傈僳族文化探秘|蜂志明|生态经济,2008(11)

00804/B0522 维西野生莲瓣兰生境变化研究初探|饶箐,等|中国野生植物资源,2008(4)

00805/B0523 维西——中国傈僳文化的发祥地|《生态经济》编辑部|生态经济,2008(11)

00806/B0524 文化变迁中新创文字的不可替换性意义分析——以哈尼、傈僳和纳西族为例|马效义|湖南师范大学教育科学学报,2008(3)

00807/B0525 我和癌症一起追逐的电影梦——访傈僳族患癌电影人仕芙柳|何瑛|青年与社会,2008(3)

00808/B0526 永平傈僳族婚俗趣闻|杨绍才|今日民族,2008(2)

00809/B0527 云南傈僳族儿童头发中铜、锰和钙含量的测定|简虹,等|昆明医学院学报,2008(2)

00810/B0528 云南傈僳族学龄儿童营养健康教育干预效果分析与评价(摘要)|王绪刚|昆明医学院学报,2008(2)

00811/B0529 中国·怒江傈僳“阔时”旅游文化节|《今日民族》编辑部|今日民族,2008(1)

00812/B0530 中国云南地区 3 个少数民族 DXS6799 位点的遗传多态性|李正堃,等|西安交通大学学报(医学版),2008(1)

2009 年

00813/B0531 “爱心桥”的诞生|羽毛|新一代,2009(7)

00814/B0532 安全监管在怒江峡谷|杨璇|劳动保护,2009(6)

00815/B0533 把握“三条主线”小行也能有大作为|杨丽中,等|时代金融,2009(7)

00816/B0534 保山地区傈僳族风俗歌简论|李艳芳|民族音乐,2009(2)

00817/B0535 背上歌声去远方|冯湄|大众电影,2009(23)

00818/B0536 彼岸玄思天堂地狱——傈僳族宗教信仰中的死亡观|陈艳萍|思想战线,2009(6)

00819/B0537 边疆少数民族地区培养新型农民问题研究——对云南怒江傈僳族自治州的调查|杨云|边疆经济与文化,2009(1)

00820/B0538 彩云之南系列(95):云南民族文化——傈僳族|欧阳婷婷|云南电业,2009(8)

00821/B0539 成人仪式:从教诲到狂欢——解读傈僳族民间小说《要一百头牛作聘礼的姑娘》|周利众|西安社会科学,2009(4)

00822/B0540　德宏景颇族和傈僳族脱贫与发展调查研究|李有升|德宏师范高等专科学校学报,2009(4)

00823/B0541　对扶持德宏州景颇族和傈僳族加快发展的思考|李有升|今日民族,2009(8)

00824/B0542　对傈僳族文化遗产"千脚落地房"的思考|李月英|今日民族,2009(8)

00825/B0543　对傈僳族原始宗教社会功能的辩证思考——兼论评价态度与继承原则|秦丽辉|思想战线,2009(S2)

00826/B0544　翻犁春天(外二章)|密英文|民族文学,2009(10)

00827/B0545　刮加桑智取金银罐|《小学生生活》编辑部|小学生生活,2009(Z1)

00828/B0546　"还"出来的龙陵山区农村致富新路|郁云江|云南林业,2009(3)

00829/B0547　坚决贯彻执行党的民族宗教政策　不断推进民族团结进步事业向前发展——新中国成立60年临沧民族宗教工作回顾|鲍光祥|今日民族,2009(10)

00830/B0548　傈僳姑娘出嫁的故事|宋明,等|焦点,2009(4)

00831/B0549　傈僳人的阔拾节|冷文浩|新西部,2009(1)

00832/B0550　傈僳族传统服饰探析|胡振江|吉林工程技术师范学院学报,2009(12)

00833/B0551　傈僳族竹书文字濒危原因初探|高慧宜|中国文字研究,2009(0)

00834/B0552　傈僳族族称来源及其含义探析|侯兴华|保山师专学报,2009(6)

00835/B0553　怒江傈僳族自治州的鱼类调查|徐伟毅,等|水生态学杂志,2009(3)

00836/B0554　群力建设新农村　傈僳山寨气象新|普斗珍|云南农业,2009(4)

00837/B0555　试探中缅泰傈僳族跨国境分布格局的形成|侯兴华,等|思想战线,2009(1)

00838/B0556　探寻傈僳美国——《国家地理》的怒江之行|任光明|时代教育,2009(2)

00839/B0557　听命湖的秘密|李金锋|少儿科技,2009(8)

00840/B0558　听命湖的秘密|王晓林|奇闻怪事,2009(11)

00841/B0559　挺立在峭壁上的十字架——傈僳族皈信基督教原因探析|曹月如|阿坝师范高等专科学校学报,2009(1)

00842/B0560　推广玉米杂交种　保障怒江州粮食安全|张定友|云南农业科技,2009(S2)

00843/B0561　维西本土民间音乐歌舞|张继英|民族音乐,2009(3)

00844/B0562　温泉的态度|张有林,等|云南画报,2009(2)

00845/B0563　我是傈僳|刘义马|民族音乐,2009(2)

00846/B0564　西南少数民族逃婚调的民族特色——以傈僳族长歌《逃婚调》和壮族长歌《幽骚》为例|王学振|民族文学研究,2009(4)

00847/B0565　扬琴独奏曲《欢乐的火把节》音乐与演奏分析|杨清|音乐教育与创作,2009(3)

00848/B0566　云南傈僳族人"呼风唤雨"之谜|刘宁宁|探索与发现,2009(9)

00849/B0567　云南民族民间舞蹈选登——傈僳族|吴世平|民族艺术研究,2009(4)

00850/B0568　云南怒江傈僳族自治州实施异地开发与生态移民的障碍分析及对策|冯芸|新疆农垦经济,2009(3)

00851/B0569 云南怒江傈僳族自治州实施异地开发与生态移民的障碍分析及对策研究|冯芸,等|经济问题探索,2009(3)

00852/B0570 中国少数民族新创文字在文化变迁中的功能与意义阐释——以哈尼、傈僳和纳西族为例|马效义|中国高等学校学术文摘(教育学),2009(3)

00853/B0571 宗教认同与民族认同的互动——20世纪前半期基督教在福贡傈僳族、怒族地区的发展特点研究|高志英,等|西南边疆民族研究,2009(0)

2010 年

00854/B0572 20世纪前半期中缅傈僳族的基督教发展|高志英|世界宗教文化,2010(6)

00855/B0573 《碧罗雪山》|刘杰,等|当代电影,2010(9)

00856/B0574 丙中洛——人神共居的桃源|许志伟|照相机,2010(4)

00857/B0575 从宗教信仰谈滇西北少数民族的基督教音乐——对怒江流域贡山县傈僳族的田野考察|赵蕾|民族音乐,2010(5)

00858/B0576 弹拨乐名曲《火把节之夜》二度创作之比较|孟醒|四川戏剧,2010(5)

00859/B0577 刀锋上的旋律——走进傈僳族神奇的刀杆节|王祖远|科学之友,2010(10)

00860/B0578 滇西北美丽的"阿尺目刮"|周文胜|今日民族,2010(10)

00861/B0579 仿生设计视野下的腾冲傈僳族传统服饰|何奎|艺术探索,2010(3)

00862/B0580 飞出峡谷的和谐——从"摆时"看傈僳族多声部民歌|龚梅|民族艺术研究,2010(1)

00863/B0581 福贡傈僳族民间舞蹈概述|密航英|民族音乐,2010(3)

00864/B0582 高黎贡山飘来的天籁之音——保山傈僳族无伴奏四声部合唱的历史探析|张德凯|民族音乐,2010(1)

00865/B0583 故土(组诗)|玖合生|边疆文学,2010(2)

00866/B0584 国家力量、民族政策与傈僳族跨界分布格局及国家认同的关系|高志英,等|西南边疆民族研究,2010(1)

00867/B0585 汉族、傈僳族和侗族 Knops 血型系统基因多态性筛查|李勤,等|中国输血杂志,2010(S1)

00868/B0586 候新华:解构和谐新怒江|王雪玲,等|时代名流,2010(1)

00869/B0587 基督视阈中的傈僳族特色文化重述|宋建峰|西南民族大学学报(人文社会科学版),2010(9)

00870/B0588 己衣乡傈僳族少年儿童本民族语能力调查分析|施江浩|科教新报(教育科研),2010(31)

00871/B0589 丽江基督教的现状研究|刘骥|大众文艺,2010(10)

00872/B0590 傈僳族|鲁红斌|文明,2010(1)

00873/B0591 傈僳族传统舞蹈"哇其"、"迁哦"的文化内涵|彭小希|民族艺术研究,2010(2)

00874/B0592 傈僳族传统信仰与禁忌探析|余德芬|中南民族大学学报(人文社会科学版),2010(2)

00875/B0593 傈僳族的跨界迁徙与生计方式变迁|高志英|中国农业大学学报(社会科学版),2010(3)

00876/B0594 傈僳族人"呼风唤雨"的秘密|刘宁宁|老来乐,2010(4)

00877/B0595 傈僳族人口分布及形成原因分析|李智环|四川民族学院学报,2010(5)

00878/B0596 傈僳族人口分布及形成原因分析|李智环|保山学院学报,2010(4)

00879/B0597 傈僳族食管癌流行病学调查分析|和舒琼|中国医药导报,2010(28)

00880/B0598 傈僳族无伴奏四声部合唱与文化置换策略|张德凯|保山学院学报,2010(3)

00881/B0599 傈僳族无伴奏四声部合唱与文化置换策略|张德凯|云南财经大学学报(社会科学版),2010(1)

00882/B0600 傈僳族新创文字研究综述|马效义|中央民族大学学报(哲学社会科学版),2010(1)

00883/B0601 傈僳族医药文化|龙鳞|中国民族民间医药,2010(1)

00884/B0602 傈僳族竹文化的文化人类学解读|何奎,等|竹子研究汇刊,2010(4)

00885/B0603 论傈僳族服饰的文化意蕴|何奎|美术教育研究,2010(3)

00886/B0604 美国和日本对东南亚山地傈族的研究——兼与中国傈僳族研究的比较|卢成仁,等|南洋问题研究,2010(3)

00887/B0605 民族理论视野下怒江傈僳族的发展|赵学先|云南民族大学学报(哲学社会科学版),2010(3)

00888/B0606 霓裳羽衣美傈僳|周荣新|今日民族,2010(11)

00889/B0607 怒江边上的澡塘会|马燕|科学大观园,2010(16)

00890/B0608 怒江傈僳族"摆时"的发展进程和特点|马金华|民族音乐,2010(4)

00891/B0609 怒江州福贡县傈僳族民间传统舞蹈文化特征及演变初探|彭小希|云南艺术学院学报,2010(1)

00892/B0610 浅谈基于PPT战略的旅游扶贫开发——以丽江市玉龙县黎明傈僳族乡为例|齐丹,等|财经界(学术版),2010(10)

00893/B0611 浅析傈僳族舞蹈"阿尺目刮"|张更生|大众文艺,2010(10)

00894/B0612 "上刀杆、下火海"的李学强|《文化月刊》记者|文化月刊,2010(9)

00895/B0613 深山峡谷传递科技星火——记贡山县腊咱村"土专家"杨志华|高铭|致富天地,2010(8)

00896/B0614 始终把保障和改善民生作为第一追求|段跃庆|求是,2010(5)

00897/B0615 试析傈僳族传统生态文化及其现代价值|李智环|教育文化论坛,2010(5)

00898/B0616 谁在溜索上唱歌(外二篇)|密英文|民族文学,2010(8)

00899/B0617 泰国的傈僳族|庞海红|思茅师范高等专科学校学报,2010(4)

00900/B0618 泰国傈僳族研究现状综述|侯兴华,等|思想战线,2010(2)

00901/B0619　“捅马蜂窝”的人们|刘乾坤|人与自然,2010(11)

00902/B0620　维西傈僳族民间音乐“阿尺目刮瓦器”|张继英,等|民族音乐,2010(1)

00903/B0621　西南边疆傈僳族地区小学教育问题探讨——对腾冲猴桥镇傈僳族小学的田野调查|侯兴华,等|网络财富,2010(19)

00904/B0622　峡谷中的教会——怒江傈僳族自治州教会走访侧记|郑力|天风,2010(7)

00905/B0623　乡村守望者——傈僳族作家杨泽文散文的叙事特征漫议|邓家鲜|时代文学,2010(5)

00906/B0624　相约山水怒江　共品“阔时”“酒歌”盛宴|王雪玲,等|时代名流,2010(1)

00907/B0625　新农村建设视野下边疆少数民族职业技能培训模式探讨——以云南省腾冲县明光乡自治村傈僳族村民乌龙茶技能培训为例|刘安波,等|经济师,2010(9)

00908/B0626　姓名、亲属称谓与社群关系——以腾冲古永傈僳人为例|熊迅|广西民族大学学报(哲学社会科学版),2010(1)

00909/B0627　寻访深谷里的遗珠——维西叶枝镇傈僳歌舞“阿尺目刮”|李建富|北方音乐,2010(8)

00910/B0628　一位傈僳族牧师的提案故事|牛志男|中国民族,2010(4)

00911/B0629　仪式结构与国家认同:跨越中缅边境的傈僳族刀杆节|熊迅|西南民族大学学报(人文社会科学版),2010(12)

00912/B0630　云南跨境民族傈僳族医药现状调查|杨玉琪,等|云南中医中药杂志,2010(12)

00913/B0631　云南傈僳族传统体育舞蹈探源|侯金成,等|体育成人教育学刊,2010(1)

00914/B0632　自然赞礼:腾冲傈僳族传统服饰的仿生设计解读|何奎|前沿,2010(9)

00915/B0633　走进丙中洛|连山|致富天地,2010(6)

00916/B0634　族际关系对中缅北界傈僳族的跨界迁徙与民族认同的影响|高志英,等|学术探索,2010(5)

2011 年

00917/B0635　《阿考诗经》与傈僳族观念文化体系|潘雪玲|思茅师范高等专科学校学报,2011(2)

00918/B0636　保山傈僳族服饰的自然审美|段晓玲,等|大众文艺,2011(15)

00919/B0637　《碧罗雪山》:一种“结构主义”的胜利|吴迎君|电影艺术,2011(5)

00920/B0638　《碧罗雪山》的美学困境|唐宏峰|中国报道,2011(5)

00921/B0639　《碧罗雪山》对傈僳熊文化及其危机的思考|马丽|视听,2011(11)

00922/B0640　变迁中的傈僳族音乐的当代价值——以泸水县三岔河村为例|李建富|大舞台,2011(2)

00923/B0641　变色花|《中学科技》编辑部|中学科技,2011(8)

00924/B0642　捕养马蜂,山地民众的生活|刘乾坤|旅游,2011(5)

00925/B0643 “参与式教学”促进教师的专业发展——记普友早老师的专业发展|余碧根|云南教育(小学教师),2011(Z1)

00926/B0644 “参与式教学”助阿普快速成长|余碧根|云南教育(中学教师),2011(Z1)

00927/B0645 传播学视域中怒江流域傈僳族宗教信仰变迁动因分析|吴洪亮,等|贵州民族学院学报(哲学社会科学版),2011(6)

00928/B0646 从数字“七”和“九”探索傈僳族文化点滴|侯兴华,等|出国与就业(就业版),2011(8)

00929/B0647 滇西北丽江市玉龙县黎明傈僳族乡旅游扶贫初步研究|王荣红|红河学院学报,2011(1)

00930/B0648 对边疆贫困地区县域金融服务现状的调查与思考——以怒江傈僳族自治州为例|中国人民银行怒江州中心支行课题组|时代金融,2011(29)

00931/B0649 和胜:用学识改变家乡贫困面貌|《今日民族》编辑部|今日民族,2011(2)

00932/B0650 基于民族旅游视野下的腾冲傈僳族服饰文化资源的开发策略探析|何奎|保山学院学报,2011(4)

00933/B0651 揭秘踏刀穿火绝技|降新宽|文化月刊,2011(8)

00934/B0652 解析傈僳族传统习惯法|汪湧|云南警官学院学报,2011(3)

00935/B0653 “砍”核桃闯出致富路|飞飞|农产品加工,2011(7)

00936/B0654 傈村彝寨常飞歌——丽江永胜县六德乡学校布局结构调整工作纪实|张振荣|云南教育(视界综合版),2011(12)

00937/B0655 《傈僳情调》(傈僳族民歌)|阿妮等(演唱)|广播歌选,2011(6)

00938/B0656 傈僳族　炽热的红色激情|新华社|华夏地理,2011(2)

00939/B0657 傈僳族“阿尺木刮”的艺术特征|周凤萍|民族音乐,2011(6)

00940/B0658 傈僳族非物质文化遗产|《华夏地理》编辑部|华夏地理,2011(2)

00941/B0659 傈僳族歌舞“阿尺目刮”文化生态现状与保护探析|李斌|民族艺术研究,2011(4)

00942/B0660 傈僳族古代史料汇编|古永继|西南古籍研究,2011(00)

00943/B0661 傈僳族葫芦四弦琴的改良与发展|杨绮|民族音乐,2011(3)

00944/B0662 傈僳族酒歌的传播方式|方博,等|民族音乐,2011(1)

00945/B0663 傈僳族民间舞蹈集锦|李自强|云南档案,2011(4)

00946/B0664 傈僳族学习数学的认知差异探析|郭秀清|北京电力高等专科学校学报(社会科学版),2011(B8)

00947/B0665 傈僳族支系划分探究|侯兴华,等|思想战线,2011(6)

00948/B0666 刘杰和他的傈僳族电影|李东然|三联生活周刊,2011(27)

00949/B0667 论傈僳族形成、发展过程中的民族迁徙|李智环|攀枝花学院学报,2011(5)

00950/B0668 《怒江魂》中的民俗再现|刘海燕|电影文学,2011(17)

00951/B0669 怒江傈僳族教会的本土化研究|申晓虎|宗教学研究,2011(1)

00952/B0670 怒江傈僳族民歌的文化解读|罗梅|云南财经大学学报(社会科学版),2011(1)

00953/B0671 欠发达地区低碳经济发展模式探析——以云南省怒江傈僳族自治州为例|中国人民银行怒江州中心支行课题组|时代金融,2011(14)

00954/B0672 去听命湖呼风唤雨|字国钧|科海故事博览,2011(7)

00955/B0673 三厂局傈僳族风情寨|杨木华|大理文化,2011(11)

00956/B0674 少数民族贫困山区旅游开发研究——以丽江市玉龙县黎明傈僳族乡为例|王荣红,等|旅游研究,2011(2)

00957/B0675 射弩|王欣|当代贵州,2011(9)

00958/B0676 生命的咏唱——存文学《碧洛雪山》中的生命意识探寻|吴晓梅|西南学刊,2011(0)

00959/B0677 “索道医生”的二十八个寒来暑往|秦晴,等|当代劳模,2011(3)

00960/B0678 “索道医生”邓前堆 28 年用坚守换来百姓健康|《健康必读》记者|健康必读(乡村医生),2011(3)

00961/B0679 泰国傈僳族及社会文化变迁|侯兴华,等|临沧师范高等专科学校学报,2011(1)

00962/B0680 探秘听命湖|《民间故事选刊》编辑部|民间故事选刊·秘闻,2011(6)

00963/B0681 听命湖呼风唤雨的秘密|佚名|知识窗,2011(8)

00964/B0682 维西县傈僳族传统歌舞“阿尺木刮”发展现状调查报告|曹艳|大舞台,2011(12)

00965/B0683 峡谷“磨秋赛”|胡子龙|今日民族,2011(1)

00966/B0684 峡谷人家傈僳族的食风|李永祥|烹调知识,2011(1)

00967/B0685 云南“桥头堡”建设战略探析——以怒江傈僳族自治州泸水县片马口岸建设为例|杨虹|云南民族大学学报(哲学社会科学版),2011(4)

00968/B0686 云南丽江老君山傈僳族民居建筑物理环境探析|潘慧羽,等|昆明理工大学学报(社会科学版),2011(1)

00969/B0687 云南傈僳族医药抢救性发掘整理研究方法探讨|杨玉琪,等|亚太传统医药,2011(8)

00970/B0688 云南怒江州傈僳族、怒族、普米族、独龙族 7 岁以下儿童 G6PD 缺乏症的调查|忽丽莎,等|中国优生与遗传杂志,2011(12)

00971/B0689 再探中泰傈僳族研究现状之比较|侯兴华,等|东南亚纵横,2011(5)

00972/B0690 浊流中的一道清泉——观影片《碧罗雪山》有感|李光辉|当代广西,2011(19)

00973/B0691 《走路上学》:关注阳光下的苦难|张英余,等|青年博览,2011(7)

2012 年

00974/B0692 120 岁的傈僳族老人|祝天泽|百姓生活,2012(11)

00975/B0693 120 岁的傈僳族老人/101 岁老人骨密度等于 25 岁|《饮食与健康》编辑部|饮食与健康,2012(8)

00976/B0694 2008 年至 2010 年怒江州药品抽验情况分析|王秀丽，等|中国民族民间医药，2012(14)

00977/B0695 碧罗雪山鸟道|彭愫英|今日民族，2012(10)

00978/B0696 边防官兵流动服务进傈僳村寨|保山公安边防支队|今日民族，2012(7)

00979/B0697 边疆贫困山地民族的民族认同与国家认同实证研究——以傈僳族为例|李智环|云南民族大学学报(哲学社会科学版)，2012(5)

00980/B0698 卜学亮书记的小小愿望|李涛|云南档案，2012(4)

00981/B0699 初识老傈僳文《MI MI ⅃O:Ⅰ》|段伶|大理民族文化研究论丛，2012(00)

00982/B0700 从礼拜座位看基督教会组织原则的本土运用——以云南怒江娃底村傈僳族为例|卢成仁|世界宗教研究，2012(1)

00983/B0701 从巫师传承机制看傈僳族文化的地域差异性——基于对泸水与腾冲傈僳族上刀山下火海巫师的调查|高志英，等|西南边疆民族研究，2012(1)

00984/B0702 《德拉姆》的影视人类学透视|马小燕|湖北民族学院学报(哲学社会科学版)，2012(1)

00985/B0703 对边远山区少数民族农民在新农村建设中的心理调查——以云南省永胜县松坪傈僳族乡为例的一项质性研究|王海涛，等|甘肃广播电视大学学报，2012(3)

00986/B0704 感动・触动——我的福贡之行|黄大卫|天风，2012(11)

00987/B0705 故乡何在："他者"的影像与意义的回归|熊迅，等|文艺研究，2012(10)

00988/B0706 关于怒江傈僳族社会"直接过渡"的认识|秦和平|民族学刊，2012(3)

00989/B0707 核心家庭与人群结合——云南怒江娃底村傈僳族亲属称谓研究|卢成仁，等|云南社会科学，2012(3)

00990/B0708 基督教信仰中的社会性别构建——以怒江娃底傈僳人为例|卢成仁|西南民族大学学报(人文社会科学版)，2012(5)

00991/B0709 基督教在传承傈僳语言艺术中所起的作用——以傈僳族对偶艺术为例|金杰|思想战线，2012(3)

00992/B0710 坚定信心　抢抓机遇——全力推进祥云县域经济实现跨越发展|徐会良|创造，2012(7)

00993/B0711 交融与嬗变：基督教与怒江傈僳族文化|吕偲，等|湖北社会科学，2012(7)

00994/B0712 昆明地区基督教堂仪式音乐初探——以三一国际礼拜堂为例|师向宁，等|民族音乐，2012(6)

00995/B0713 李贵明的诗|李贵明|边疆文学，2012(1)

00996/B0714 《傈僳情调》|三江姐妹(演唱)|广播歌选，2012(2)

00997/B0715 傈僳族传统体育文化传承保护和发展研究|余家赛|金田，2012(5)

00998/B0716 傈僳族垂直农业的生态人类学研究——以云南省迪庆州维西县同乐村为例|韩汉白，等|资源科学，2012(7)

00999/B0717 傈僳族刀杆节的体育文化与发展对策研究|龚云娥|当代体育科技，2012(23)

01000/B0718　傈僳族刀杆节的由来及其演变|侯兴华|保山学院学报,2012(3)

01001/B0719　傈僳族的樱花|洪永忠|边疆文学,2012(5)

01002/B0720　傈僳族服饰的美学原则|何奎|新疆艺术学院学报,2012(3)

01003/B0721　傈僳族服饰在幼儿园美术教育中的运用|杨丽|课程教材教学研究(幼教研究),2012(2)

01004/B0722　傈僳族葫芦笙及其曲调初探|张元礼|课程教育研究(新教师教学),2012(5)

01005/B0723　傈僳族婚姻变迁研究(1949—2011 年)——以怒江州福贡县 LW 村为个案|陈业强|原生态民族文化学刊,2012(3)

01006/B0724　傈僳族浪漫"澡塘会"|大兵|黄河·黄土·黄种人(水与中国),2012(1)

01007/B0725　傈僳族民间舞蹈音乐探微|张元礼|软件(教育现代化),2012(3)

01008/B0726　傈僳族群众自觉支持怒江森林防火|田雨|云南林业,2012(3)

01009/B0727　傈僳族社区对干旱灾害的回应及人类学分析——以云南元谋县姜驿乡为例|李永祥|民族研究,2012(6)

01010/B0728　傈僳族特色饮食——阔要俄勒|杨国昌|今日民族,2012(2)

01011/B0729　傈僳族学生的学习特点及对策|徐东|佳木斯教育学院学报,2012(7)

01012/B0730　傈僳族勇士们的节日——刀杆节|沈海滨|神州民俗,2012(3)

01013/B0731　傈僳族原始宗教信仰与姓氏文化的关系探幽——以云南丽江华坪县傈僳族为例|聂丽君|昆明学院学报,2012(2)

01014/B0732　傈僳族族称来源及含义|侯兴华|临沧师范高等专科学校学报,2012(3)

01015/B0733　论传承方式与艺术传统的生成——基于对怒江傈僳族民歌的研究|罗梅|思想战线,2012(1)

01016/B0734　毛主席是我们家里人——云南 26 个民族人文情怀影像纪实|孙大虹|青年与社会,2012(10)

01017/B0735　缅甸傈僳族的多重认同与社会建构|高志英,等|广西民族大学学报(哲学社会科学版),2012(5)

01018/B0736　你是我的黑社会|墨凝|椰城,2012(4)

01019/B0737　怒江傈僳族妇女跨省婚姻迁移中的文化冲突研究|陈业强|思想战线,2012(2)

01020/B0738　怒江傈僳族音乐文化的风采|张桂仙,等|大众文艺,2012(15)

01021/B0739　怒江中游新地域民居建设策略——以怒族、傈僳族民居为例|王芳,等|华中建筑,2012(2)

01022/B0740　浅谈傈僳族舞蹈的特点及舞蹈教学的借鉴价值|唐丽|软件(教育现代化)(电子版),2012(8)

01023/B0741　如歌行板中的隐约变奏|庾凯|艺术当代,2012(1)

01024/B0742　"三江并流"地区傈僳族传统体育文化探究|彭春江|首都教育学报,2012(5)

01025/B0743　上沾良村走访见闻|胡智绯|云南党的生活,2012(6)

01026/B0744 生活场域变迁下的傈僳族体育活动|施平|创造,2012(9)

01027/B0745 试论云南少数民族特有民族乐器的研究价值|欧阳园香|民族音乐,2012(6)

01028/B0746 腾冲傈僳族民间绘画艺术风格探析|杨世济|科教导刊(中旬刊),2012(5)

01029/B0747 维西县出实招保护森林资源|赵学飞,等|云南林业,2012(6)

01030/B0748 “需要关注的事挺多”——访党的十八大代表、福贡县石月亮乡拉马底村乡村医生邓前堆|高铭|云南党的生活,2012(11)

01031/B0749 一副傈僳抗肿瘤验方微量元素含量分析|何志鹏,等|微量元素与健康研究,2012(2)

01032/B0750 易图通天下四海民族情——云南傈僳族文化探访之旅|包崇美,等|世界汽车,2012(1)

01033/B0751 云南“直过民族”中小学教育现状调查研究——以怒江州傈僳族为例|封绚,等|湖北函授大学学报,2012(9)

01034/B0752 云南怒江傈僳族民歌的保护与传承|罗梅|艺术探索,2012(3)

01035/B0753 云南怒江州傈僳、怒、普米、独龙族农村7岁以下儿童体格发育及身体指数的规律及特点|杨发斌,等|医药前沿,2012(2)

01036/B0754 云南省怒江州傈僳族学生龋病调查报告|李世合|卫生软科学,2012(3)

01037/B0755 真情洒满傈僳山乡——省交通运输厅干部直接联系群众纪实|钟晓燕|云南党的生活,2012(7)

01038/B0756 中国傈僳族和怒族群体人类白细胞抗原Ⅰ类基因区Alu插入多态性研究|董兆梅,等|中华医学遗传学杂志,2012(2)

01039/B0757 中缅边境傈僳族的健康传播实践|熊迅,等|南京医科大学学报(社会科学版),2012(2)

01040/B0758 转变经济发展方式促进农村经济协调发展——以维西傈僳族自治县为例|张蕾|中小企业管理与科技,2012(8)

2013年

01041/B0759 “56个民族的来历”并非源于民族识别——关于族别调查的认识与思考|秦和平|民族学刊,2013(5)

01042/B0760 白尾梢虹雉|董磊|华夏地理,2013(8)

01043/B0761 摆时——傈僳族的天籁之音|余金华|民族音乐,2013(2)

01044/B0762 从高黎贡山区到东部沿海平原——云南怒江州傈僳族妇女跨省婚姻迁移原因分析|陈业强,等|原生态民族文化学刊,2013(3)

01045/B0763 从王骥崇拜仪式看中缅傈僳族的多重认同演变|高志英,等|云南社会科学,2013(5)

01046/B0764 村落社会结合中的个体——怒江傈僳人“伴”之地方概念的人类学研究|卢成仁,等|吉首大学学报(社会科学版),2013(6)

01047/B0765 德昌傈僳族服饰|许永强|晚霞,2013(23)

01048/B0766 德昌太阳湾:傈僳水寨跳蹲脚舞,太阳湾感受惊涛骇浪|《旅游四川》编辑部|旅游四川,2013(5)

01049/B0767 德宏傣族、景颇族、德昂族、阿昌族和傈僳族等民族关系的历史变迁|高金和|德宏师范高等专科学校学报,2013(1)

01050/B0768 邓前堆索道医生服务怒江两岸|毛海洋|中国卫生人才,2013(2)

01051/B0769 高黎贡山北段傈僳族森林传统知识浅析|赖庆奎,等|绿色科技,2013(10)

01052/B0770 高黎贡山区域傈僳族药食两用植物的医学解读|段安等|中国民族民间医药,2013(1)

01053/B0771 耿马自治县傈僳族发展调查|字文君|商,2013(14)

01054/B0772 关于维西傈僳族民间歌舞"阿尺目刮"申遗之后的思考|杨央|民族音乐,2013(1)

01055/B0773 后臀上的民族历史:傈僳族"尾饰"的文化内涵|何奎|新疆艺术学院学报,2013(4)

01056/B0774 互动、共享与变迁——傈僳族上刀山下火海仪式变迁研究|高志英,等|西南民族大学学报(人文社会科学版),2013(2)

01057/B0775 基于银企互惠视角下信贷支持小微企业发展问题研究——以云南省怒江傈僳族自治州为例|叶映辉|西南金融,2013(2)

01058/B0776 跨境民族的历史迁徙与民族认同:基于傈僳族形成过程的讨论|李智环|贵州民族研究,2013(3)

01059/B0777 跨境民族的宗教信仰与口头传统关系——以云南傈僳族为个案|杨杰宏|保山学院学报,2013(1)

01060/B0778 立腊么村的"祭龙会"|赵功修|今日民族,2013(6)

01061/B0779 丽江老君山傈僳族传统民居的生态建筑经验与绿色更新|潘慧羽|云南民族大学学报(哲学社会科学版),2013(3)

01062/B0780 傈家小姑娘|张卫华(词曲)|民族音乐,2013(6)

01063/B0781 《傈僳人》——大型音乐舞蹈诗·怒江州|《今日民族》编辑部|今日民族,2013(9)

01064/B0782 傈僳人的"药""膳"饮食|龚黎燕|乡镇论坛,2013(24)

01065/B0783 傈僳语基本颜色词初探|孙旭彤|长春大学学报(社会科学版),2013(11)

01066/B0784 傈僳族、普米族高中生基本颜色词的概念结构——兼与摩梭高中生基本颜色词概念结构比较|王娟,等|大理学院学报,2013(7)

01067/B0785 傈僳族"上刀山下火海"的文化阐释|余敏|神州,2013(18)

01068/B0786 傈僳族《阿尺木刮》|《民族音乐》编辑部|民族音乐,2013(2)

01069/B0787 傈僳族婚俗类大调探究|李艳芳|民族艺术研究,2013(3)

01070/B0788 傈僳族——火的民族崇拜火|张璇,等|中国国家地理,2013(4)

01071/B0789 傈僳族历史变迁对其传统体育的影响|杨晨飞|玉溪师范学院学报,2013(3)

01072/B0790　傈僳族篾葛调响彻四方|雷华,等|致富天地,2013(8)

01073/B0791　傈僳族民歌“摆时”与赞美诗歌|杨晓宏|民族音乐,2013(4)

01074/B0792　傈僳族民族文化教育发展现状及其对策——以丽江华坪县为例|陈彬,等|科技视界,2013(34)

01075/B0793　傈僳族山寨喜事|江宏景|四川党的建设(农村版),2013(3)

01076/B0794　傈僳族巫文化研究——以腾冲猴桥傈僳族尼扒为例|侯兴华|临沧师范高等专科学校学报,2013(4)

01077/B0795　傈僳族药食两用植物的调查研究|陈红波,等|云南中医中药杂志,2013(2)

01078/B0796　陇川县傈僳族语言文字使用现状|张红娟|时代教育,2013(23)

01079/B0797　论人类学影片在传统文化保护和旅游发展中的作用——以《傈僳族刀杆节影像志》为例|王旺|保山学院学报,2013(6)

01080/B0798　论少数民族语言的传承与保护的意义——以云南傈僳族语言为例|刘启英|西江月,2013(30)

01081/B0799　民国时期怒江傈僳族内地会教育的发展与国民政府的应对|申晓虎|四川文理学院学报,2013(4)

01082/B0800　怒江·澡塘会——赴一场春天的盛宴|雨林|云南画报,2013(2)

01083/B0801　怒江傈僳人的命名与人观——以福贡县娃底村的田野调查为例|卢成仁|广西师范大学学报(哲学社会科学版),2013(1)

01084/B0802　怒江傈僳族传统文化与森林关系探析|刘斌,等|绿色科技,2013(10)

01085/B0803　怒江傈僳族刮克舞运动的历史变迁|高鹏春|前沿,2013(22)

01086/B0804　怒江傈僳族基础教育现状分析——以泸水县大兴地乡中心完小为例|穆迪,等|攀枝花学院学报,2013(2)

01087/B0805　怒江怒族与傈僳族音乐文化传承比较——以波益四与邓四垮为例|董创|民族音乐,2013(2)

01088/B0806　拍摄了两张的傈僳族照片|陈海汶,等|中国国家地理,2013(4)

01089/B0807　浅谈傈僳族民间骨折诊疗技术的传承与保护|杨玉琪,等|云南中医中药杂志,2013(5)

01090/B0808　浅析丽江傈僳族医药文化的科学内涵|耿海舰|求医问药,2013(7)

01091/B0809　“轻伤何必下火线”——记云南省先进工作者、维西县人民法院副院长李学全|《时代风采》记者|时代风采,2013(8)

01092/B0810　全球化语境中怒江傈僳族民歌传承的变化|罗梅|学术探索,2013(9)

01093/B0811　三江并流遗产地中的傈僳人家|唐小茜,等|今日民族,2013(8)

01094/B0812　社会共生视阈下的多元文化空间建构——基于盈江县支那乡白岩傈僳族村的人类学考察|张晗|贵州民族大学学报(哲学社会科学版),2013(6)

01095/B0813　生活有质量的长寿者|常舜|老同志之友,2013(8)

01096/B0814　生计模式转变背景下中缅北界傈僳族的国家认同——以云南中缅边境白岩傈僳族村为例|杨跃雄|四川民族学院学报,2013(6)

01097/B0815　试论丽江傈僳族医药文化的人文内涵|耿海舰,等|中国-东盟博览,2013(4)

01098/B0816　试析傈僳族的"比扒"文化|韩迎迎,等|教育文化论坛,2013(5)

01099/B0817　素歌|骆丹|中国摄影家,2013(2)

01100/B0818　泰国傈僳族及其文化认同|侯兴华,等|思想战线,2013(2)

01101/B0819　谈基督教对傈僳族文化的影响|吕偲,等|旅游纵览,2013(2)

01102/B0820　探秘"听命湖"|自由的 ZipporZHU|山野,2013(3)

01103/B0821　天堑变通途,爱心傈僳行——江铃·溪桥工程云南福贡"筑梦之旅"|李真|汽车实用技术(自驾游),2013(12)

01104/B0822　天堑变通途,爱心献傈僳——江铃·溪桥工程"筑梦"云南福贡|柴武|汽车与运动,2013(12)

01105/B0823　同乐·山居:三江腹地的傈僳聚落|何俊萍|云南建筑,2013(5)

01106/B0824　维西县草产业发展调研报告|和丽红,等|中国畜牧兽医文摘,2013(8)

01107/B0825　维西县档案局关于征集叶枝三江土司衙署档案资料的公告|维西县档案局|云南档案,2013(12)

01108/B0826　维西县生态旅游开发与环境保护分析|向建云|云南科技管理,2013(4)

01109/B0827　维西县野生核桃蓄热保湿嫁接方法及效果初报|杨万超|内蒙古林业调查设计,2013(5)

01110/B0828　我是傈家小姑娘|张正华(词曲)|民族音乐,2013(2)

01111/B0829　祥云县白龙潭村傈僳族文化述评|谷桂兰|大众文艺,2013(17)

01112/B0830　新农合政策对怒江傈僳族医药发展的冲击及对策|程寒,等|亚太传统医药,2013(6)

01113/B0831　雪山下的生态事业——维西县碧罗雪山生物资源开发有限公司工会小记|西门|时代风采,2013(8)

01114/B0832　仪式与象征——论傈僳族上刀山下火海仪式的文化意义|高志英,等|云南民族大学学报(哲学社会科学版),2013(1)

01115/B0833　仪式展演与认同传播网络——以古永傈僳族刀杆节为例|熊迅|广西师范大学学报(哲学社会科学版),2013(3)

01116/B0834　云南傈僳族宗教现状研究|郭志华|中学生导报,2013(7)

01117/B0835　云南怒江地区傈僳族民族医药特色与现状研究|程寒,等|时珍国医国药,2013(10)

01118/B0836　云南怒江傈僳族宗教信仰对其传统医药的影响|左媛媛,等|医学与哲学,2013(1)

01119/B0837　云南怒江州傈僳族基督教仪式音乐调查报告——以泸水县六库镇小沙坝村"圣诞节"为个案|石莹|音乐大观,2013(5)

01120/B0838 云南省白寨子村傈僳语使用情况调查|顾明媛|语文学刊,2013(4)

01121/B0839 云南腾冲大塘社区花傈僳传统文化保护与经济发展探索|尹正凤,等|科技致富向导,2013(35)

01122/B0840 《中国各民族原始宗教资料集成》中的法(乐)器——以云南十三族为例|杨紫芸|歌海,2013(5)

01123/B0841 宗教对傈僳族民族认同的影响分析|李智环|贵州大学学报(社会科学版),2013(5)

01124/B0842 走近丙中洛|沈坚,等|寻根,2013(5)

2014 年

01125/B0843 边疆民族地区社会管理创新问题探析——以怒江傈僳族自治州为例|和娟,等|中共云南省委党校学报,2014(1)

01126/B0844 德宏的诗蜜瓦底|杨清舜|中国畜牧业,2014(5)

01127/B0845 滇西边陲傈僳族刀杆节仪式的文化认同与体育价值|汪雄,等|河北体育学院学报,2014(1)

01128/B0846 李亚威和她的"楚雄女儿"|申雯,等|民主,2014(1)

01129/B0847 傈僳族的风俗习惯|和德海|中国民族教育,2014(4)

01130/B0848 傈僳族民族变迁研究综述|朱洋洋,等|名作欣赏,2014(6)

01131/B0849 傈僳族直过民族民生改善状况研究|陈明珍,等|云南行政学院学报,2014(1)

01132/B0850 怒江观浴记|李继勇|时代金融,2014(10)

01133/B0851 浅谈维西县傈僳族民间歌舞乐的艺术特色及其传承发展|艾之华|文艺生活(文艺理论),2014(1)

01134/B0852 "三江并流"地区傈僳族传统体育文化探究|彭春江|学园,2014(3)

01135/B0853 腾冲猴桥傈僳族尼扒情况调研|侯兴华|保山学院学报,2014(1)

01136/B0854 西南跨境民族巫文化研究——对腾冲猴桥傈僳族尼扒的田野调查|侯兴华|西南民族大学学报(人文社会科学版),2014(3)

01137/B0855 云南怒江州傈僳族高尿酸血症伴发高脂血症、高糖血症人群状况分析|和学忠,等|昆明医科大学学报,2014(3)

C 学位论文

2002 年

01138/C0001　中国 8 个民族群体遗传多样性的研究|俞建昆|中国协和医科大学,2002

2004 年

01139/C0002　少数民族基督教信仰的田野研究——以云南怒江傈僳族为例|卢荣和|中国社会科学院,2004

2005 年

01140/C0003　傈僳族竹书文字研究|高慧宜|华东师范大学,2005

01141/C0004　云南傈僳族和怒族 HLA 二类抗原基因多态性研究及藏缅语族人群族源的探讨|谢翊|中山大学,2005

01142/C0005　云南傈僳族学龄儿童营养健康教育干预效果分析与评价|王绪刚|昆明医学院,2005

2006 年

01143/C0006　HLA-A 基因进化及云南独龙、傈僳和怒族 HLA-Ⅰ类基因多态性研究|胡青松|中山大学,2006

2007 年

01144/C0007　风火中的野芦苇——一个怒江峡谷傈僳族村落中的基督教信仰|卢成仁|云南大学,2007

01145/C0008　基督教与少数民族宗教信仰的互动——滇中北傈僳族乡村基督教的调查与思考|陈徐慧|中央民族大学,2007

01146/C0009　农村少数民族初中毕业回乡青年物理需求及素养调查研究——以保山市布朗族、傈僳族为例|杨韩军|云南师范大学,2007

01147/C0010　少数民族受教育权研究——以云南省昭通市和怒江傈僳族自治州的中小学教育为例|陈兴巧|中央民族大学,2007

01148/C0011 新创文字在文化变迁中的功能与意义阐释——哈尼、傈僳和纳西族新创文字在学校教育和扫盲教育中的使用历史与现状研究|马效义|中央民族大学,2007

01149/C0012 “直接过渡”中的少数民族法律意识变迁研究——以怒江地区傈僳族为例|余名芳|云南大学,2007

2008年

01150/C0013 富能仁及其在怒江傈僳族地区的传教活动|王亚卓|中央民族大学,2008

01151/C0014 贡山县、维西县少数民族生态文化研究|党永刚|云南民族大学,2008

01152/C0015 傈僳族传统文化恢复与生物多样性保护的研究——以云南省腾冲县横河村为例|任万竹|中国农业大学,2008

01153/C0016 怒江傈僳族自治州泸水县公共卫生服务体系研究|周佳|云南大学,2008

01154/C0017 知子罗的福音——一个怒江山村的现代生活|陈韦帆|中央民族大学,2008

2009年

01155/C0018 花傈僳族初中学生物理学习与非智力因素的相关研究|李家玉|云南师范大学,2009

01156/C0019 论维西县傈僳族《瓦器器》|周旭|云南艺术学院,2009

01157/C0020 神灵与基督的对决——云南省福贡县傈僳族的宗教生活|龚建华|北京大学,2009

01158/C0021 体现傈僳文化的滨水景观规划研究|谭跃|西南科技大学,2009

01159/C0022 云南民族语口音汉语普通话语音识别研究|杨鉴|云南大学,2009

01160/C0023 云南怒江傈僳族基督教文化研究——以福贡县架科乡里吾底村为例|曹月如|中央民族大学,2009

2010年

01161/C0024 保山地区傈僳族自然审美观初探|段晓玲|云南大学,2010

01162/C0025 华坪丁王村花傈僳文化旅游资源开发研究|刘莹|云南大学,2010

01163/C0026 傈僳族的“基督脸”——怒江傈僳族基督教信仰研究|晏棂|中山大学,2010

01164/C0027 怒江傈僳族基督教传播研究——以怒江州泸水县大兴地乡灯笼坝村为例|付伟斌|云南大学,2010

01165/C0028 融入多重边缘——古永傈僳人的族群认同展演|熊迅|中山大学,2010

01166/C0029 泰国傈僳族社会发展和文化变迁——整体研究与个案调查|侯兴华|云南大学,2010

2011 年

01167/C0030 《滇西傈僳族酒歌初探》——以滇西傈僳族酒歌地域性声音特色为例|李姣|上海音乐学院,2011

01168/C0031 基于 PIPP 模式的民族文化保护与旅游开发——以维西县响古箐村傈僳族为例|侯莹莹|云南大学,2011

01169/C0032 丽江老君山傈僳族民居更新及其生态建筑模式语言研究|潘慧羽|昆明理工大学,2011

01170/C0033 傈僳竹书与纳西哥巴文造字机制比较研究|刘红好|西南大学,2011

01171/C0034 怒江傈僳族自治州扶贫政策执行问题研究|奚艳玲|云南大学,2011

01172/C0035 群观:娃底傈僳人的人群结合与观念研究|卢成仁|中山大学,2011

01173/C0036 社会医学视角下的傈僳族嗜酒行为分析——以云南 A 村为例|李申昇|云南大学,2011

01174/C0037 泰国傈僳族社会发展和文化变迁——整体研究与个案调查|侯兴华|云南大学,2011

01175/C0038 云南省怒江傈僳族自治州民族中学体育教学特征研究|杨玉荣|北京体育大学,2011

2012 年

01176/C0039 傈僳族"阿尺木刮"舞蹈生态文化调查研究|曹艳|云南艺术学院,2012

01177/C0040 傈僳族口头传统诗性叙事研究|左姗华|云南大学,2012

01178/C0041 傈僳族森林传统文化变迁研究——以腾冲横河村为例|刘湘怡|中国人民大学,2012

01179/C0042 怒江傈僳族妇女婚姻迁移研究|陈业强|云南大学,2012

01180/C0043 生态文化变迁的比较研究——以傈僳族与布里亚特蒙古族两个村庄为例|姜黎黎|中国人民大学,2012

01181/C0044 一个傈僳族村寨的音乐传播考察|李晴|云南大学,2012

2013 年

01182/C0045 20 世纪泸水傈僳族基督教音乐舞蹈及其功能变迁研究|李姗娜|云南大学,2013

01183/C0046 贡山独龙族怒族傈僳族高三学生地理命题推理能力的人类学案例比较研究|逯叶飞|中央民族大学,2013

01184/C0047 贡山独龙族怒族傈僳族高三学生数学问题解决能力的案例比较研究|薛烨|中央民族大学,2013

01185/C0048　猴桥傈僳族民族文化的传承与重构|朱旋旋|云南艺术学院,2013

01186/C0049　基督教传播对傈僳族语言文字及其使用的影响研究|金杰|云南大学,2013

01187/C0050　傈僳族传统歌舞文化在学校教育中传承的有限性研究|段兆磊|西南大学,2013

01188/C0051　旅游开发对民俗文化的影响研究——以丽江黎明傈僳族民俗文化旅游村为例|余秀娟|中央民族大学,2013

D 报纸文章

1959 年

01189/D0001　傈僳人喜爱射弩|本报记者|人民日报,1959-01-07

1982 年

01190/D0002　夜宿傈僳寨|叶晓山|人民日报,1982-02-12

1988 年

01191/D0003　傈僳少女们的歌|本报记者|人民日报,1988-07-09

01192/D0004　傈僳少女们的歌|玛拉沁夫|人民日报,1988-07-10

1997 年

01193/D0005　傈僳山寨文化室|鱼世昌,等|人民日报,1997-04-21

2000 年

01194/D0006　傈僳族的"其布厄"|李德真|人民政协报,2000-07-29

01195/D0007　傈僳村寨风光美|王成君,等|云南政协报,2000-09-02

01196/D0008　傈僳山寨弃猎从农|只廉清,等|西南经济日报,2000-09-13

01197/D0009　傈僳族妇女服饰|罗玉山|中国医药报,2000-09-17

01198/D0010　射弩——深山里走出的民族体育|许珂|中国体育报,2000-11-22

2001 年

01199/D0011　头上竞俏傈僳女|宋明|中国民族报,2001-02-23

01200/D0012　到傈僳族人家品"手抓饭"|魏向阳|云南日报,2001-05-11

01201/D0013　情趣盎然的傈僳鸟兽舞|章天柱|云南日报,2001-05-15

01202/D0014　歌唱——傈僳人的第二语言|刘竹|云南日报,2001-05-22

01203/D0015　傈僳"喜鹊衣"传说|林德忠|云南日报,2001-07-17

01204/D0016　各具特色的傈僳族传统乐器|乐声|人民日报海外版,2001-08-10

01205/D0017　傈僳教师吉丛华|宋明|中国民族报,2001-10-16

2002 年

01206/D0018　傈僳族的酒与舞|禾丽采|云南政协报,2002-01-09

01207/D0019　节日的冷与热:变迁中的云南少数民族文化(三)|施惟达|云南日报,2002-02-13

01208/D0020　傈僳族的宗教信仰与环境保护|和文琴|云南政协报,2002-03-13

01209/D0021　刀竿节上逞英豪|章楠|中国民族报,2002-03-15

01210/D0022　傈僳青年办夜校|宋明,等|中国民族报,2002-03-26

01211/D0023　"民族文化珍品"——华坪傈僳歌舞|曾金萍|民族时报,2002-05-08

01212/D0024　回荡在大山里的"阿尺目刮"|和吉昌,等|中国民族报,2002-05-17

01213/D0025　傈僳人的"唁电"和"请柬"|章虹宇,等|邮政周报,2002-08-23

01214/D0026　趣说傈僳族狩猎|宋明|中国民族报,2002-11-08

2003 年

01215/D0027　傈僳民族风情导游|宋明|家庭与生活报,2003-01-28

01216/D0028　傈僳新娘的婚前美容|宋明|中国民族报,2003-02-21

01217/D0029　做客傈僳人家|魏向阳|中国民族报,2003-02-28

01218/D0030　"纪实"文本《百褶裙》|林茨|中华读书报,2003-06-11

01219/D0031　靠科技致富的杨四邓|向阳江|中国民族报,2003-07-04

01220/D0032　"博南古道"上的傈僳人|杨继红|民族时报,2003-07-09

01221/D0033　傈僳乡上演"一个都不能少"|宋明|中国民族报,2003-10-10

01222/D0034　傈僳人"打跳"幸福|宋明|中国民族报,2003-10-31

2004 年

01223/D0035　欢乐的阔时节|刘扬武|云南日报,2004-02-04

01224/D0036　德昌傈僳舞蹈:藏在深山人未识|宋明|中国旅游报,2004-03-01

01225/D0037　古朴热闹的德昌傈僳族婚礼|宋明|中国民族报,2004-03-19

01226/D0038　奇特乐器奏风情——傈僳族的吹叶、三弦和口弦|刘扬武|中国民族报,2004-04-30

01227/D0039　黎明:太阳永远照耀的地方|和易|中国民族报,2004-05-21

01228/D0040　傈僳人的新村庄|李尚华|中国民族报,2004-05-21

01229/D0041　傈寨儿童节|宋明|中国民族报,2004-06-01

01230/D0042　对怒江傈僳族自治州"三农"问题的思考|曹笑|中国乡镇企业报,2004-06-09

01231/D0043 傈僳人家庆乔迁|向阳江|中国民族报,2004-06-11

01232/D0044 傈僳女子温碧霞投奔怒江|本报实习记者|北京青年报,2004-06-29

01233/D0045 着眼边疆维护稳定发挥优势共创辉煌——政协怒江傈僳族自治州委员会成立五十周年回眸|余新|云南政协报,2004-07-07

01234/D0046 傈僳人的传统织布|李尚华,等|中国民族报,2004-07-16

01235/D0047 花傈僳艺术团的主心骨|李秀春|云南日报,2004-09-01

01236/D0048 怒江峡谷的傈僳族歌手|王娅萍|云南日报,2004-09-08

01237/D0049 傈僳族的"草地婚宴"|胡小平|中国民族报,2004-09-21

01238/D0050 腾冲:"傈僳刀杆"唱"大戏"|本报记者|解放军报,2004-10-06

01239/D0051 傈僳同胞爱对歌|杨中兴|云南政协报,2004-10-16

01240/D0052 独特的永平傈僳婚俗|余宇|民族时报,2004-10-20

01241/D0053 怒江傈僳三弦与酒|禾丽采|云南政协报,2004-11-03

01242/D0054 大峡谷的历史大跨越——怒江傈僳族自治州 50 年巨变掠影|李秀春,等|云南日报,2004-11-17

01243/D0055 傈僳族:自称"老四"的民族|张世辉|中国民族报,2004-11-19

01244/D0056 一部傈僳族的民族史诗——读《傈僳族阿考诗经》|米切若张|云南日报,2004-12-01

01245/D0057 腾冲滇滩的傈僳族风情|赵贵品,等|中国民族报,2004-12-31

2005 年

01246/D0058 火、弩弓与傈僳族|胡应舒,等|云南日报,2005-01-07

01247/D0059 傈僳山寨的天安门小学|王晋|中国民族报,2005-07-26

01248/D0060 首部傈僳族电影《怒江魂》在京首映　发行方欲做大市场|朱玉卿|中国电影报,2005-09-01

01249/D0061 《怒江魂》:傈僳人的爱恨情仇|汪则|甘肃日报,2005-11-14

01250/D0062 农民造出傈僳字|李方清|湖北日报,2005-12-08

2006 年

01251/D0063 傈僳族舞蹈|宋明|凉山日报,2006-05-30

01252/D0064 傈僳族住房|宋明|凉山日报,2006-05-30

01253/D0065 傈僳族自治州喜迎"阔时"旅游文化节|胡路|江南游报,2006-05-30

01254/D0066 凉山一抹绚丽色彩——德昌傈僳族|宋明|凉山日报,2006-05-30

01255/D0067 三江姐妹欲建傈僳风情园|李姝|华西都市报,2006-06-21

01256/D0068 德昌傈僳蜂王谷永祥|俄木日布|凉山日报,2006-06-23

01257/D0069 "奖优免补"造福傈僳族群众|何明慧|中国人口报,2006-09-13

01258/D0070 最后的冬果林|俄木日布|凉山日报,2006-10-13

01259/D0071 傈乡盛事:要选就选个信任的|宋明|凉山日报,2006-10-20

01260/D0072 神秘的傈僳族“四声部”|周向东|人民日报海外版,2006-11-25

01261/D0073 傈僳老猎人兰银贵|俄木日布|凉山日报,2006-12-08

01262/D0074 在昆傈僳族同胞欢庆阔时节|喻波|云南经济日报,2006-12-13

2007 年

01263/D0075 德昌傈僳人云南寻亲|宋明|凉山日报,2007-01-12

01264/D0076 傈僳人养殖马蜂好赚钱|宋明|凉山日报,2007-01-26

01265/D0077 制作葫芦笙的傈僳老艺人|宋明|凉山日报,2007-02-16

01266/D0078 阔拾节傈僳老艺人下山传艺|宋明|凉山日报,2007-03-09

01267/D0079 傈僳母女巧手做美丽|宋明|凉山日报,2007-03-16

01268/D0080 熊国秀把傈僳文字引入川|宋明|凉山日报,2007-03-16

01269/D0081 丙中洛国家公园项目首推生态旅游村|梁丹丹|云南经济日报,2007-03-27

01270/D0082 他们请傈僳老艺人进城传艺|宋明|四川日报,2007-04-06

01271/D0083 傈僳山寨文化村|李绍德|楚雄日报,2007-05-05

01272/D0084 歃血为盟——纪德贵讲述50多年前傈僳族彝族相安的故事|俄木日布|凉山日报,2007-05-11

01273/D0085 傈寨包谷楼悬在空中的晒场|宋明|四川日报,2007-05-25

01274/D0086 纺麻草变麻布傈僳神奇织布|蔡宇,等|华西都市报,2007-05-26

01275/D0087 傈僳少年溜索道飞越怒江上下学|于俊如|信息时报,2007-05-28

01276/D0088 请傈僳老人进城传艺|宋明|农民日报,2007-06-02

01277/D0089 人神共居的世外桃源——怒江州丙中洛乡探秘|袁喜清|中国信息报,2007-06-13

01278/D0090 傈僳山寨气象新|傅朝文|楚雄日报,2007-07-13

01279/D0091 市民为傈僳山民捐寒衣|陶胜|常熟日报,2007-09-10

01280/D0092 傈僳群众载歌载舞欢庆|彭胤武|边防警察报,2007-09-21

01281/D0093 傈僳山寨唱新歌|云南省军区|解放军报,2007-10-05

01282/D0094 傈僳山寨“大忙人”|傅尚坤|云南日报,2007-11-07

01283/D0095 民运会上演大联欢《傈僳情调》惊艳羊城|陈蔚|都市时报,2007-11-16

01284/D0096 怒江州喜迎“阔时节”|伍平|云南科技报,2007-12-6

01285/D0097 云龙县彝、傈僳、苗、阿昌等族青年有570多名踊跃报名参军服役|张雄飞,等|大理日报,2007-12-21

2008 年

01286/D0098 傈僳村有了蔬菜协会|俄木日布|凉山日报,2008-01-03

01287/D0099　傈僳族民间音乐|李延红|音乐周报,2008-01-16

01288/D0100　傈僳族特色疗法|林芳飞|医药养生保健报,2008-02-04

01289/D0101　春节,到德昌县城过傈僳阔拾节|宋明|凉山日报,2008-02-06

01290/D0102　傈僳相帮|俄木日布|凉山日报,2008-02-23

01291/D0103　傈僳幼童会吹树叶儿|宋明,等|凉山日报,2008-03-01

01292/D0104　600 高山傈僳人进县城过节日|宋明,等|凉山日报,2008-03-05

01293/D0105　傈僳女“事帕”|俄木日布|凉山日报,2008-03-06

01294/D0106　傈僳村民拍 DV 自娱自乐|俄木日布|凉山日报,2008-03-18

01295/D0107　德昌:傈僳儿童接种麻疹疫苗|俄木日布|凉山日报,2008-03-27

01296/D0108　云南丽江华坪傈僳乡游记|陈建明|中央民族大学校报,2008-03-28

01297/D0109　傈僳葫芦笙王|俄木日布|凉山日报,2008-05-09

01298/D0110　关于玉龙县傈僳族地区的经济社会发展思考|孙文忠|云南科技报,2008-06-05

01299/D0111　龙陵“流动派出所”来到傈僳寨|杨汉申,等|人民公安报,2008-07-07

01300/D0112　百舸争渡搏激流傈僳人家迎客来|赵泽卫,等|凉山日报,2008-07-16

01301/D0113　感受老汞山傈僳寨|赵孝云|攀枝花日报,2008-07-18

01302/D0114　原生态歌舞激荡傈僳山寨|周越|攀枝花日报,2008-07-30

01303/D0115　党徽闪耀傈僳乡——记云龙县表村傈僳族乡党委书记丰志坚|杨紫江|大理日报,2008-08-04

01304/D0116　“边防战士阿可及!”——云南怒江傈僳族自治州普拉底边防派出所爱民固边纪事|徐元锋,等|人民日报,2008-08-05

01305/D0117　千年傈僳千年历史千年文化|本报编者|凉山日报,2008-08-29

01306/D0118　傈僳族群众搭上幸福快车——云南猴桥边防派出所创建箐口爱民固边模范村记事|张世宇,等|边防警察报,2008-09-06

01307/D0119　怒江傈僳族自治州千名干部下乡入厂抓落实|刘为民|云南日报,2008-09-13

01308/D0120　患癌傈僳女圆梦|李国豪|都市时报,2008-10-27

01309/D0121　云龙旧州 3 个傈僳族社实现通电梦想|尹剑斌,等|大理日报,2008-11-25

01310/D0122　傈僳村民忙种早菜|俄木日布|凉山日报,2008-12-22

01311/D0123　在京傈僳人欢度阔时节|王晓溪,等|北京青年报,2008-12-22

2009 年

01312/D0124　傈僳姑娘笑迎巡检工|杨林|四川工人日报,2009-01-10

01313/D0125　丽江傈僳文化在怒江竞相绽放|杨建平,等|云南经济日报,2009-01-17

01314/D0126　笑声在傈僳村寨回荡|罗力生,等|人民公安报,2009-01-20

01315/D0127　一件特殊的提案——昌宁珠街依码苗族傈僳族片区公路建成背后的故事|李春旭,等|云南日报,2009-02-16

01316/D0128 德昌傈僳村民抓紧早菜田管|俄木日布|凉山日报,2009-02-22

01317/D0129 今天真是“嘎齐那洒哇”|付雪晖|云南日报,2009-02-26

01318/D0130 傈僳姑娘出嫁:将“永远爱你”进行到底|宋明,等|中国民族报,2009-02-27

01319/D0131 傈僳打工仔 迎娶河南妹子|俄木日布|凉山日报,2009-02-28

01320/D0132 傈僳宝贝全收藏|俄木日布|凉山日报,2009-03-21

01321/D0133 总投资近6亿元——德昌沙坝“傈僳新村”项目奠基|王云|四川日报,2009-05-30

01322/D0134 傈僳山寨展新颜——龙新乡黄草坝村小米地寨见闻|雷华,等|保山日报,2009-06-07

01323/D0135 《走遍中国》走近傈僳(下)|罗三五,等|攀枝花日报,2009-06-11

01324/D0136 傈僳歌手步行40公里参演|柳瑜玲,等|都市时报,2009-06-17

01325/D0137 滇滩边防派出所到傈僳村寨开展法律宣传|刘伟,等|保山日报,2009-06-20

01326/D0138 禁毒宣传见成效傈僳妇女交毒品|董红芳,等|保山日报,2009-06-20

01327/D0139 科技之光闪耀在傈家山寨(一)——维西县解决农村学科技难问题纪实|杨洪程|云南经济日报,2009-06-27

01328/D0140 沙坝村:漂流为载体发展傈僳风情旅游|杨积勇|凉山日报,2009-07-06

01329/D0141 云龙人大关注傈僳山寨发展|蔡学锋|大理日报,2009-07-14

01330/D0142 一平浪镇建成首家傈僳族“农家书屋”|李伟|楚雄日报,2009-07-27

01331/D0143 怒江溜索:已成中国交通史上绝唱|伍晓阳|新华每日电讯,2009-08-15

01332/D0144 央视《走遍中国》栏目今晚讲述盐边傈僳传奇|何顺康|攀枝花日报,2009-08-19

01333/D0145 宾川傈僳族民族医药列入国家调研课题|张寅鹏,等|大理日报,2009-10-07

01334/D0146 韩国演员出演傈僳姑娘|李玉斌|都市时报,2009-11-04

01335/D0147 傈僳边寨“堡垒”坚——滇滩镇联族村水城党小组带领群众建设新农村侧记|熊昌明|保山日报,2009-11-06

01336/D0148 《背上歌声去远方》:讲述傈僳族放映员故事|张悦|中国艺术报,2009-11-20

01337/D0149 傈僳绝活——粘鸟儿|宋明|凉山日报,2009-12-12

2010年

01338/D0150 基督教与云南傈僳族民间宗教信仰的互动|陈徐慧|中国民族报,2010-01-26

01339/D0151 建议加大傈僳族人才培养力度|周静,等|凉山日报,2010-02-05

01340/D0152 “葫芦丝之乡”弦歌声声|李悦春|云南日报,2010-02-26

01341/D0153 丙中洛,一个民族和谐的地方|丰林祥,等|中国民族报,2010-03-05

01342/D0154 傈僳腰刀|余新平|怒江报,2010-03-31

01343/D0155 《傈僳人》和《最后的乐园》荣获云南文艺基金奖|娜福才|怒江报,2010-04-12

01344/D0156 傈僳族杀虫经|本报记者|中国档案报,2010-04-12

01345/D0157 中国傈僳——盐边“山后扒”“上河扒”|罗三五|攀枝花日报,2010-04-28

01346/D0158 三江流域傈僳同胞欢聚竿山若水|何顺康,等|攀枝花日报,2010-04-30

01347/D0159 傈僳村民早菜又卖钱啰|俄木日布|凉山日报,2010-05-06

01348/D0160 特色产业助傈僳山乡致富|秦晴|中华工商时报,2010-05-11

01349/D0161 德昌傈僳族“三亲”婚俗简朴|俄木日布|凉山日报,2010-05-15

01350/D0162 我是代表二十万傈僳人民领奖|张艺|新民晚报,2010-06-21

01351/D0163 傈僳山寨唱欢歌——龙陵县龙新乡勐冒村六家村新农村建设侧记|雷华,等|保山日报,2010-07-08

01352/D0164 傈僳村民植树忙|俄木日布|凉山日报,2010-07-15

01353/D0165 傈、汉文字并用凸显民族文化特色|张莹莹|云南政协报,2010-07-21

01354/D0166 第三届中国·凉山民族艺术节(德昌篇):《傈僳·阿哩喂》|周静,等|凉山日报,2010-07-22

01355/D0167 《碧罗雪山》摘 4 项国际大奖|吴霞|昆明日报,2010-07-23

01356/D0168 何天琪——保山首个清华大学傈僳学子|崔敏,等|春城晚报,2010-08-26

01357/D0169 傈僳人民致富的领头雁|兰建浪,等|保山日报,2010-08-26

01358/D0170 德昌傈僳小伙闯荡上海滩——为回报家乡,到傈僳村寨招工人|俄木日布|保山日报,2010-09-04

01359/D0171 走进金沙江峡谷深处拖顶傈僳大村|史效轩|迪庆日报,2010-09-04

01360/D0172 德昌傈僳族:最后的火草麻布|宋明|四川日报,2010-09-10

01361/D0173 猴桥交警护送傈僳学生上新校|黄治新,等|保山日报,2010-09-10

01362/D0174 怒江的傈僳之美　心灵呼吸的地方——天境怒江|本报记者|春城晚报,2010-09-10

01363/D0175 《怒江报》傈僳文防艾宣传专版受欢迎|苏应奎,等|中国新闻出版报,2010-09-27

01364/D0176 为了傈僳族的火草文化|宋明|中国妇女报,2010-09-30

01365/D0177 傈僳学生喜吃爱心蛋|段凤德,等|凉山日报,2010-10-13

01366/D0178 傈僳夫妇倾力保留火草麻布制作工艺|宋明|中国民族报,2010-10-29

01367/D0179 拉巴支村有支“党员护林队”|李秀春,等|云南日报,2010-11-16

01368/D0180 2010 怒江傈僳“阔时”文化旅游节暨首届中国怒江皮划艇野水国际公开赛文明守则|2010 怒江傈僳“阔时”文化旅游节暨首届中国怒江皮划艇野水国际公开赛组委会办公室|怒江报,2010-12-08

01369/D0181 下周末启幕怒江傈僳“阔时”节|王筱|都市时报,2010-12-08

01370/D0182 2010 怒江傈僳“阔时”文化旅游节暨首届中国怒江皮划艇野水国际公开赛 18 日至 20 日举行|徐赵全|都市时报,2010-12-15

01371/D0183 傈僳阔时节看激流搏浪|娄莹,等|云南日报,2010-12-18

01372/D0184 2010怒江傈僳"阔时"文化旅游节暨首届中国怒江皮划艇野水国际公开赛隆重开幕|王靖生,等|怒江报,2010-12-19

01373/D0185 2010怒江傈僳"阔时"文化旅游节暨首届中国怒江皮划艇野水国际公开赛主题晚会隆重举行|祝林华,等|怒江报,2010-12-21

01374/D0186 傈僳风情|新华社|侨报,2010-12-21

01375/D0187 云南怒江:傈僳风情醉游人|梁志强|深圳商报,2010-12-21

01376/D0188 维西狂欢傈僳阔时节激情载歌"十一五"载舞喜迎"十二五"|和茂文,等|云南经济日报,2010-12-28

2011年

01377/D0189 花水傈僳新村的新气象|李显耀,等|云南日报,2011-01-05

01378/D0190 中和傈僳老年人有了新"家"|范明权|保山日报,2011-01-15

01379/D0191 亲历傈僳"阔时"节|程健|怒江报,2011-01-17

01380/D0192 傈僳群众致富的领路人——记滇滩镇水城自然村党支部书记麻根宝|尹辅建,等|保山日报,2011-01-27

01381/D0193 傈僳山寨春意浓|雷华,等|保山日报,2011-01-29

01382/D0194 水城傈僳同胞新春活动丰富多彩|尹家波|保山日报,2011-02-10

01383/D0195 与巨石相傍的傈僳村庄|杨恩成|云南日报,2011-02-11

01384/D0196 傈僳女孩麻艳聪"对话"李咏|徐丽|保山日报,2011-02-13

01385/D0197 滇滩水城筑路打造傈僳新村|尹家波|保山日报,2011-02-16

01386/D0198 州法院《傈僳语学习手册》及配套教学光碟发行|赵精亮|怒江报,2011-02-23

01387/D0199 云南民族大学傈僳学研究中心在丽江挂牌|杨建平|云南经济日报,2011-02-28

01388/D0200 上刀山下火海,勇气何来?|郭际|中国民族报,2011-03-18

01389/D0201 永胜傈僳山寨人均核桃收入逾5000元|袁悦,等|云南日报,2011-04-13

01390/D0202 德昌傈僳水寨激情冲浪|本报记者|凉山日报,2011-04-20

01391/D0203 游客要吃漆树芽傈僳汉子瞪大眼街头趣闻|史效轩|春城晚报,2011-04-20

01392/D0204 攀西地区唯一的大型水上运动项目——走,到傈僳水寨冲浪去!|王仆,等|凉山日报,2011-04-23

01393/D0205 白云深处傈僳大村|史效轩|春城晚报,2011-04-25

01394/D0206 傈僳族人能"呼风唤雨"?破解听命湖的秘密|本报记者|武汉科技报,2011-05-16

01395/D0207 德昌旅游　赚人气聚财气|王仆,等|凉山日报,2011-05-24

01396/D0208 到傈僳水寨玩转冲浪体验傈僳端午节|本报记者|凉山日报,2011-06-03

01397/D0209 明光乌龙茶助傈僳群众致富|彭安宁|保山日报,2011-06-20

01398/D0210　暑期避暑到傈僳水寨冲浪|德宣|凉山日报,2011-07-06

01399/D0211　中缅怒族与傈僳族的分化与交融|高志英,等|中国社会科学报,2011-07-14

01400/D0212　《傈僳语学习手册》您学习傈僳语言文字的好帮手|怒江州中级人民法院|怒江报,2011-07-18

01401/D0213　德昌人拍摄动物世界之《傈僳人养蜂传奇》|宋明|凉山日报,2011-07-21

01402/D0214　火把节到傈僳水寨冲浪|德宣|凉山日报,2011-07-22

01403/D0215　怒江州中院《傈僳语学习手册》受好评|怒中院|云南经济日报,2011-07-29

01404/D0216　首届中国傈僳学学术研讨会迪庆工作汇报会召开——黄忠彩金炳镐邱益三出席　李灿光主持　余胜祥讲话|马建军|迪庆日报,2011-08-09

01405/D0217　“泉水冲浪”是傈僳水寨的健康元素|本报记者|凉山日报,2011-08-10

01406/D0218　再唱一曲傈僳谣——米易县少数民族地区发展见闻(四)|李云飞|攀枝花日报,2011-08-10

01407/D0219　揭开傈僳族捕蜂之谜|高剑秋|中国民族报,2011-08-19

01408/D0220　找致富路子　鼓发展干劲——市公安局组织联系点傈僳群众外出学习|辉益安|保山日报,2011-08-23

01409/D0221　百货店主跟拍《傈僳人养蜂传奇》|宋明|四川日报,2011-08-26

01410/D0222　傈僳人家漂汤菜|俄木日布|凉山日报,2011-09-01

01411/D0223　傈僳习俗男女裸浴被摄哗声一片——有人上网“猎奇”,更有众多网友斥拍照者越过做人底线|杨建开|华东旅游报,2011-09-01

01412/D0224　山歌唱响傈僳山寨——华坪县民族民间文化传承与保护侧记|孔德富,等|云南经济日报,2011-09-20

01413/D0225　云南民族村喜迎国庆　傈僳阔时节精彩登场|曾钞|都市时报,2011-09-22

01414/D0226　稻田养鱼:新山傈僳农民实现双赢|易德文|攀枝花日报,2011-09-26

01415/D0227　红歌别样“红”越唱越流行:傈僳语版爱国歌曲受到怒江干部群众热捧|唐正鸿,等|昭通日报,2011-11-01

01416/D0228　德昌傈僳风情游喊响蓉城|吴启俊|凉山日报,2011-11-05

01417/D0229　德昌傈僳风情惊艳蓉城|吴璟,等|四川日报,2011-11-06

01418/D0230　本报记者深入云南大山深处一希望小学:走近 270 个傈僳娃娃　孩子们在艰苦的条件中渴求知识　质朴乐观令人感动|王爱滢|今晚报,2011-11-09

01419/D0231　来自云南黎明希望小学报道打动读者:咱为傈僳孩子出把力|王爱滢|今晚报,2011-11-10

01420/D0232　州国税局推行“傈僳语”办税|夏伯阳|怒江报,2011-11-11

01421/D0233　傈僳童谣在山谷中回荡——来自云南玉龙黎明希望小学的报道(5)|王爱滢|今晚报,2011-11-13

01422/D0234　天津市民单位踊跃为云南黎明希望小学捐书　为傈僳娃娃打开一扇窗——和平图书馆捐赠 300 本书并设捐书接收点|王爱滢|今晚报,2011-11-14

01423/D0235 我州召开2011怒江傈僳"阔时"文化旅游节筹备会|本报记者|怒江报,2011-11-14

01424/D0236 曙光市场300多商户捐赠棉服今启运:给傈僳娃娃送去温暖|王爱滢|今晚报,2011-11-15

01425/D0237 魂牵大山的"马阿马"|郭少雅|农民日报,2011-11-26

01426/D0238 市民踊跃与黎明小学特困生结对帮扶:43个傈僳娃娃有了天津亲人|王爱滢|今晚报,2011-11-30

01427/D0239 一个傈僳山寨的"二月八"|杨爱清|迪庆日报,2011-12-03

01428/D0240 "傈僳人家杯"摄影比赛落幕|钟玉成,等|凉山日报,2011-12-08

01429/D0241 老鸦树村:傈僳山寨欢乐多|施晓亮,等|中国民族报,2011-12-09

01430/D0242 温暖阳光照峡谷 饮水思源感党恩——云南省文化科技卫生"三下乡"集中示范活动暨2011怒江傈僳"阔时"文化旅游节捐赠仪式及大型文艺演出活动隆重举行|李寿华,等|怒江报,2011-12-21

01431/D0243 州委州政府举行"阔时"节迎宾晚会——上演大型舞蹈诗《傈僳人》剧目|马恩勋,等|怒江报,2011-12-21

01432/D0244 《怒江报》傈僳文版科普知识特刊成为"三下乡"活动亮点|阿蕊,等|怒江报,2011-12-28

01433/D0245 最浪漫的过年方式——怒江大峡谷的傈僳情人节|赵德东|云南经济日报,2011-12-28

01434/D0246 中国·怒江2011傈僳"阔时"文化旅游节"温暖怒江共度'阔时'"微博有奖转发活动抽出幸运奖|和彩云|怒江报,2011-12-30

2012年

01435/D0247 我新认识的傈僳小朋友|马央泱|大理日报,2012-01-30

01436/D0248 云南傈僳族女委员"跑"提案|陈树德|人民政协报,2012-02-01

01437/D0249 醉在傈僳年味里|陆娉婷|怒江报,2012-02-03

01438/D0250 懂傈僳文懂民俗能爬陡峭山崖溜索过江:怒江法官审案还须"文武兼备"|储皖中,等|法制日报,2012-02-08

01439/D0251 过江的傈僳|杨晓富|云南日报,2012-02-10

01440/D0252 "兴边富民"致富傈僳族新村|王翔宇,等|中国民族报,2012-03-02

01441/D0253 实施"第二次跨越"——访云南省怒江傈僳族自治州州委书记段跃庆|胡洪江,等|人民日报海外版,2012-03-04

01442/D0254 亚洲20公里竞走锦标赛:傈僳小伙祝春冬夺得冠军|付雪晖,等|云南日报,2012-03-13

01443/D0255 中国最少笔画姓氏为傈僳族姓——柴米油盐酱醋茶都可做姓|张建松|凉山日报,2012-03-20

01444/D0256 傈僳语《怒江新闻》获云南广播电视政府奖一等奖|熊长旺,等|怒江报,2012-03-21

01445/D0257 州法院向新农村指导员赠送《傈僳语学习手册》|桑金波,等|怒江报,2012-03-28

01446/D0258 20年"狩猎"傈僳山乡寻非遗|宋明,等|四川日报,2012-03-30

01447/D0259 傈僳村寨的"土鸡经济"|严秀英,等|攀枝花日报,2012-04-25

01448/D0260 德昌傈僳童灵合唱团备战全国赛|李宗花|凉山日报,2012-05-02

01449/D0261 爱心呵护傈僳娃|周向东,等|云南日报,2012-05-11

01450/D0262 爱心医疗小分队走进傈僳村寨|付雪晖,等|云南日报,2012-05-16

01451/D0263 "溜索医生"邓前堆家乡桥通路通:拉马底97户傈僳村民建新居|郎学平,等|云南日报,2012-05-20

01452/D0264 "溜索医生"邓前堆家乡桥通路通:拉马底九十七户傈僳村民建新居|密少辉,等|怒江报,2012-05-20

01453/D0265 维西欲在傈僳山寨建游客中心——这里有500多栋傈僳族木头房,这里保留着原生态的生活方式|雷鸣,等|春城晚报,2012-05-21

01454/D0266 福贡县人大强化傈僳语学习助推"四群"教育工作|李寿华,等|怒江报,2012-05-25

01455/D0267 傈僳山寨歌悠悠|庄文勤|中国民族报,2012-05-25

01456/D0268 天真归依傈僳山寨|本报记者|都市时报,2012-06-06

01457/D0269 捐助傈僳娃娃活动在天津市民心中埋下了牵挂,本报记者和9名天津志愿者一起走进云南大山——傈僳娃笑得更灿烂了|王爱滢|今晚报,2012-06-09

01458/D0270 方文信到傈僳山寨花坝村调研|梁河县委四群办|德宏团结报,2012-06-13

01459/D0271 曹大荣30年的傈僳长诗情|余林秀|德宏团结报,2012-07-15

01460/D0272 浅论怎样编译傈僳语新闻|褚润琴|怒江报,2012-08-08

01461/D0273 我州农民群众踊跃参加傈僳文国防动员知识竞赛|李四夺,等|怒江报,2012-08-08

01462/D0274 维西县傈僳文培训班开班|杨四兴|迪庆日报,2012-08-18

01463/D0275 傈僳村落有个"杨老爹"|吴瑛,等|教育导报,2012-09-13

01464/D0276 怒江傈僳阔时文化旅游节9月底启动|许缘|潇湘晨报,2012-09-13

01465/D0277 傈僳山寨唱起"大学调"|曹有和,等|德宏团结报,2012-09-16

01466/D0278 怒江傈僳阔时文化旅游节9月底启动|许缘|惠州日报,2012-09-17

01467/D0279 傈僳姊妹跳起来——塔城村托落顶村民小组举办傈僳族传统活动见闻|王瑄怡|迪庆日报,2012-09-27

01468/D0280 2012怒江傈僳"阔时"文化旅游节系列活动之"攀月祈福"户外体育比赛开幕|密少辉|怒江报,2012-09-28

01469/D0281 怒江傈僳阔时文化旅游节精彩纷呈|付雪晖,等|云南日报,2012-10-01

01470/D0282 傈僳山上的野生动物保护热|蓝玉芝,等|德宏团结报,2012-10-14

01471/D0283 以优秀青年人才党支部建设引领党建工作上台阶——德昌县金沙傈僳族乡优秀青年人才党支部工作纪实|肖刚|凉山日报,2012-10-15

01472/D0284 用深情坚守傈僳村寨|杨继娟,等|云南电力报,2012-10-27

01473/D0285 用真情点亮傈僳村寨|杨继娟,等|德宏团结报,2012-10-28

01474/D0286 团州委开展"喜迎党的十八大——我爱傈僳语团歌"活动|杨晓晶|怒江报,2012-10-30

01475/D0287 傈僳族人学会种草果养蜜蜂|朱全弟|新民晚报,2012-11-04

01476/D0288 深山傈僳娃圆了电视梦|张中|攀枝花日报,2012-11-15

01477/D0289 我与傈僳一家人的缘分|吴仕平|边防警察报,2012-11-24

01478/D0290 凉山"傈僳蜂王"成都盆地摘蜂包|宋明|凉山日报,2012-11-29

01479/D0291 纪友才:养石蛙的傈僳人|肖刚|凉山日报,2012-12-11

01480/D0292 新山神韵　傈僳风情|刘融冰|攀枝花日报,2012-12-13

01481/D0293 2012 怒江傈僳"阔时"文化旅游节系列活动滨江郦景之夜文艺晚会在六库举行|高玉生,等|怒江报,2012-12-17

2013 年

01482/D0294 傈僳山寨新气象|李刚|攀枝花日报,2013-01-11

01483/D0295 傈僳文编译室|本报记者|德宏团结报,2013-01-12

01484/D0296 称杆乡用傈僳语宣讲十八大精神|本报通讯员|怒江报,2013-01-18

01485/D0297 讲傈僳话的乡村医生|张寅|云南日报,2013-01-28

01486/D0298 傈僳村寨暖意浓——刘成鸣到盐边北部山区"走亲戚"|陈帆|攀枝花日报,2013-02-07

01487/D0299 傈僳山寨里的别样春节联欢晚会|阿蕊|怒江报,2013-02-18

01488/D0300 傈僳同胞欢度阔时节|朱边勇,等|德宏团结报,2013-03-06

01489/D0301 阔拾节又见傈僳妇女制作火草麻布|宋明|四川日报,2013-03-08

01490/D0302 集中学习十八大放飞傈僳民族新希望|李想|德宏团结报,2013-03-26

01491/D0303 傈僳山寨打歌弹弦感谢"民警红娘"|杨汉申|中国民族报,2013-03-29

01492/D0304 余秀芝当傈僳文化传承人|吴霄|云南日报,2013-03-30

01493/D0305 傈僳山寨之行|潘普洲|攀枝花日报,2013-04-26

01494/D0306 "阿爸老师"与傈僳娃的最后一个|张中|攀枝花日报,2013-06-02

01495/D0307 飞到傈僳山寨的金孔雀——记福贡县缅瑞百货店店主杨逸|阿蕊|怒江报,2013-06-19

01496/D0308　傈僳语宣传《出境入境管理法》|周雨燃|怒江报,2013-07-03

01497/D0309　傈僳山寨春潮涌|李建军,等|临沧日报,2013-07-11

01498/D0310　华坪傈僳山寨返季蔬菜畅销省内外|华坪县财政局|云南经济日报,2013-07-17

01499/D0311　以歌舞传承傈僳文化|郎学平,等|云南日报,2013-07-22

01500/D0312　一个傈僳山寨的喜忧盼——福贡县马吉乡木加甲村王明洛小组蹲点调查|沈向兴|云南日报,2013-08-05

01501/D0313　中国傈僳学专业委员会在维西成立——李灿光出席开幕式|杨洪程|迪庆日报,2013-08-30

01502/D0314　开学了！深山傈僳娃手牵手上学|宋俊康|攀枝花日报,2013-09-02

01503/D0315　《傈僳人》亮相省文艺会演|郜莹霞|怒江报,2013-09-30

01504/D0316　云南民族村:傈僳阔时节展风情|李双双|昆明日报,2013-10-03

01505/D0317　天堑变通途　爱心献傈僳:江铃·溪桥工程解决村民过桥难|杨丽菊|都市时报,2013-10-22

01506/D0318　曼妙舞姿　展傈僳风情|郜莹霞|怒江报,2013-10-23

01507/D0319　天堑变通途　爱心献傈僳:江铃·溪桥工程慈善车队云南福贡"筑梦之旅"|柴武|大理日报,2013-10-25

01508/D0320　李纪恒主持会议研究怒江傈僳族自治州扶贫开发工作|谭晶纯|云南日报,2013-10-27

01509/D0321　宁蒗县召开傈僳湾水库建设动员会议|宁蒗县水务局|云南经济日报,2013-10-30

01510/D0322　石多沟傈僳群众告别木楞房住上新楼房|程志开|迪庆日报,2013-11-07

01511/D0323　怒秀花:会讲傈僳话的法官|李成生|春城晚报,2013-11-10

01512/D0324　永平县傈僳协会成为"傈僳文化传承基地"|杨福军|大理日报,2013-11-20

01513/D0325　东阳爱心衣捂暖傈僳乡:山民们穿上冬衣,笑逐颜开|黄保平|东阳日报,2013-12-11

01514/D0326　暖冬六库傈僳文化之乡泸水:12 月 20 日至 22 日举办 2013 怒江傈僳阔时节|杨雪彬|云南经济日报,2013-12-17

01515/D0327　我州举行 2013 怒江傈僳"阔时"文化旅游节暨第三届全州民族民间文艺汇演|祝林华,等|怒江报,2013-12-23

01516/D0328　怒江籍在京同胞欢度傈僳"阔时"节|祝军|怒江报,2013-12-27

2014 年

01517/D0329　傈僳山寨金凤飞——记盐源县甘塘乡海子坪村岩脚傈僳族小学教师贺德美|曾成绪,等|凉山日报,2014-01-03

01518/D0330　傈僳人|余丽芹|迪庆日报,2014-01-12

01519/D0331　傈僳群众住进小洋楼|付雪晖,等|云南日报,2014-02-12

01520/D0332 “树上飞人”:凉山德昌傈僳人的绝技|宋明|中国民族报,2014-02-14

01521/D0333 经营能人做示范　企业免费供鸡苗:傈僳山村“零风险”脱贫|尤祥能|云南日报,2014-02-24

01522/D0334 傈僳澡塘会春浴演绎的“狂欢节”|李继勇|厦门晚报,2014-02-25

01523/D0335 泸水县三河村——傈僳村寨路畅人和|付雪晖|云南日报,2014-03-08

01524/D0336 傈僳法官邓兴:在雪山与溜索间坚守|童晓宁,等|云南经济日报,2014-04-04

01525/D0337 邓兴:跋涉在雪山溜索间的傈僳法官|周婷婷,等|都市时报,2014-04-08

01526/D0338 《乡土》讲述山林中的傈僳人|赵婧梅|凉山日报,2014-04-10

01527/D0339 傈僳山寨喜事多|梁波|攀枝花日报,2014-04-21

01528/D0340 我州举行傈僳文创制一百周年学术研讨会|杨国平|德宏团结报,2014-05-13

01529/D0341 傈僳阿妈您别哭——云南盈江6.1级地震灾区救灾有感|张桂柏|德宏团结报,2014-06-04

01530/D0342 傈僳阿妈您别哭——云南盈江地震灾区救灾有感|张桂柏|解放军报,2014-06-12

01531/D0343 傈僳阿妈您别哭——云南盈江6.1级地震灾区救灾有感|张桂柏|云南日报,2014-06-19

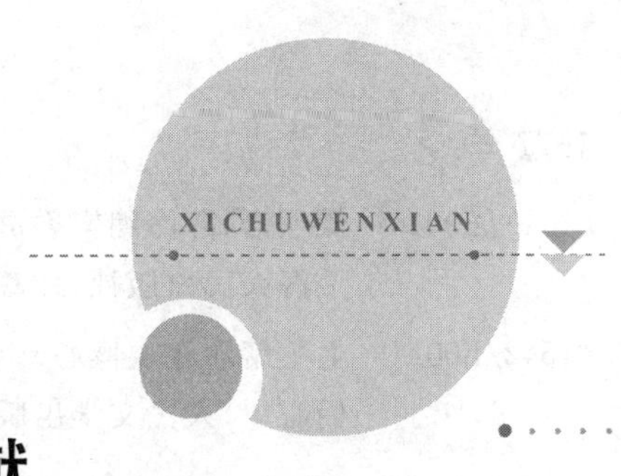

E 析出文献

1958 年

01532/E0001　少数民族文字图书目录:傈僳文|文化部出版事业管理局版本图书馆//全国总书目(1957)|文化部出版事业管理局版本图书馆|中华书局,1958

1959 年

01533/E0002　傈僳族|诗刊社//云南兄弟民族民歌百首|诗刊社|百花文艺出版社,1959

01534/E0003　少数民族文字图书目录:傈僳文|文化部出版事业管理局版本图书馆//全国总书目(1958)|文化部出版事业管理局版本图书馆|中华书局,1959

1961 年

01535/E0004　少数民族文字图书目录:傈僳文|文化部出版事业管理局版本图书馆//全国总书目(1960)|文化部出版事业管理局版本图书馆|中华书局,1961

1963 年

01536/E0005　少数民族文字图书目录:傈僳文|文化部出版事业管理局版本图书馆//全国总书目(1962)|文化部出版事业管理局版本图书馆|中华书局,1963

1965 年

01537/E0006　摆石摆|云南省代表团//全国少数民族群众业余艺术观摩演出歌曲选(增订本)|全国少数民族群众业余艺术观摩演出会,等|音乐出版社,1965

01538/E0007　傈僳姑娘的歌声|全国少数民族群众业余艺术观摩演出会,等//全国少数民族群众业余艺术观摩演出歌曲选(增订本)|全国少数民族群众业余艺术观摩演出会,等|音乐出版社,1965

01539/E0008　少数民族文字图书目录:傈僳文|文化部出版事业管理局版本图书馆//全国总书目(1964)|文化部出版事业管理局版本图书馆|中华书局,1965

1966 年

01540/E0009　少数民族文字图书目录:傈僳文|文化部出版事业管理局版本图书馆//全国总书目(1965)|文化部出版事业管理局版本图书馆|中华书局,1966

1977 年

01541/E0010 傈僳语|辞海编辑委员会//辞海(修订稿)·语言文字分册|辞海编辑委员会|上海人民出版社,1977

01542/E0011 毛主席活在傈僳心窝里(傈僳族民歌)|人民文学出版社//毛主席永远活在我们心中|人民文学出版社|人民文学出版社,1977

1978 年

01543/E0012 傈僳语|中国社会科学院语言研究所//中国语言学论文索引(甲编)|中国社会科学院语言研究所|商务印书馆,1978

01544/E0013 傈僳语|辞海编辑委员会//辞海(修订本)·语言文字分册|辞海编辑委员会|上海辞书出版社,1978

01545/E0014 傈僳语|中国社会科学院语言研究所//中国语言学论文索引(甲编)|中国社会科学院语言研究所|商务印书馆,1978

1979 年

01546/E0015 傈僳文图书|国家出版事业管理局版本图书馆//全国总书目(1975)|国家出版事业管理局版本图书馆|中华书局,1979

1980 年

01547/E0016 解放后云南少数民族文字使用和发展情况:傈僳文|周耀文,等//云南少数民族语言文字概况|周耀文,等|云南民族出版社,1980

01548/E0017 傈僳文图书|国家出版事业管理局版本图书馆//全国总书目(1976)|国家出版事业管理局版本图书馆|中华书局,1980

1981 年

01549/E0018 傈僳人|李一夫,等//世界民族词目集录|李一夫,等|中国社会科学院民族研究所,1981

01550/E0019 傈僳文图书|国家出版事业管理局版本图书馆//全国总书目(1977)|国家出版事业管理局版本图书馆|中华书局,1981

01551/E0020 少数民族文字图书简目:傈僳文|中国出版工作者协会//中国出版年鉴(1981)|中国出版工作者协会|商务印书馆,1981

1983 年

01552/E0021 傈僳欢歌|沈洁等(词),高潮(曲)//银幕歌声(第十二集)|人民音乐出版社编辑部|人民音乐出版社,1983

01553/E0022 “傈僳王国”的幻灭|周肖//梅腊月|周肖|河南人民出版社,1983

01554/E0023　傈僳文图书|中国版本图书馆//全国总书目(1979)|中国版本图书馆|中华书局,1983

01555/E0024　傈僳族——刀竿节|罗启荣,等//中国年节|罗启荣,等|科学普及出版社,1983

01556/E0025　凉山州傈僳、拉黑(水田)民族之间图腾制度|陈宗祥//西南少数民族哲学社会思想史论文集|西南民族学院科研处,等|西南民族学院科研处、西南民族学院正史系(内部资料),1983

01557/E0026　同心酒|周肖//梅腊月|周肖|河南人民出版社,1983

1984 年

01558/E0027　《德宏傣族景颇族自治州傣、景颇、傈僳、阿昌等民族的文化、宗教及习俗|《国家民委民族问题五种丛书》云南省编辑委员会//德宏傣族社会历史调查(一)|《国家民委民族问题五种丛书》云南省编辑委员会|云南人民出版社,1984

01559/E0028　俄夺底村傈僳族社会历史资料访问录|李道生//怒江文史资料选辑(第一辑)|中国人民政治协商会议怒江傈僳族自治州委员会文史资料研究组|中国人民政治协商会议怒江傈僳族自治州委员会文史资料研究组(内部资料),1984

01560/E0029　傈僳欢歌|沈洁等(词),高潮(曲)//银幕歌声选集(第二集)|人民音乐出版社编辑部|人民音乐出版社,1984

01561/E0030　傈僳文图书|中国版本图书馆//全国总书目(1980)|中国版本图书馆|中华书局,1984

01562/E0031　傈僳语构形与构词中的语音交替方式|陈嘉瑛//民族语文论丛(第一集)|中央民族学院少数民族语言研究所|中央民族学院少数民族语言研究所(内部资料),1984

1985 年

01563/E0032　称戛傈僳族陆吉迈起义|魏阿妹扒(口述),杨约拿(记录),窦桂生(翻译整理)//怒江文史资料选辑(第三辑)|中国人民政治协商会议怒江傈僳族自治州委员会文史资料研究组|中国人民政治协商会议怒江傈僳族自治州委员会文史资料研究组(内部资料),1985

01564/E0033　丰富多彩的节日庆典和集会:傈僳族|徐佩印,等//民族风情|徐佩印,等|河南人民出版社,1985

01565/E0034　风格奇特的生活、生产习俗:傈僳族|徐佩印,等//民族风情|徐佩印,等|河南人民出版社,1985

01566/E0035　傈僳文图书|中国版本图书馆//全国总书目(1981)|中国版本图书馆|中华书局,1985

01567/E0036　傈僳文图书|中国版本图书馆//全国总书目(1982)|中国版本图书馆|中华书局,1985

01568/E0037　傈僳族|尤中//中国西南民族史|尤中|云南人民出版社,1985

01569/E0038 妙趣横生的求婚、婚嫁风习:傈僳族|徐佩印,等//民族风情|徐佩印,等|河南人民出版社,1985

01570/E0039 民国六年兰坪傈僳族白族农民起义概况|张耀宗//怒江文史资料选辑(第三辑)|中国人民政治协商会议怒江傈僳族自治州委员会文史资料研究组|中国人民政治协商会议怒江傈僳族自治州委员会文史资料研究组(内部资料),1985

01571/E0040 文明有趣的礼节、风尚和文体活动:傈僳族|徐佩印,等//民族风情|徐佩印,等|河南人民出版社,1985

01572/E0041 中国少数民族宗教概览(部分转载):傈僳族|覃广光,等//怒江文史资料选辑(第四辑)|中国人民政治协商会议怒江傈僳族自治州委员会文史资料研究组|政协怒江傈僳族自治州委员会文史资料研究组(内部资料),1985

1986 年

01573/E0042 阿哥阿妹情谊投|保山地区文化局,等//云南保山民族民间音乐|保山地区文化局,等|云南人民出版社,1986

01574/E0043 阿妹阿哥分不开|保山地区文化局,等//云南保山民族民间音乐|保山地区文化局,等|云南人民出版社,1986

01575/E0044 阿哦鸟在唱歌(三弦调)|保山地区文化局,等//云南保山民族民间音乐|保山地区文化局,等|云南人民出版社,1986

01576/E0045 阿窝罗、锅多罗|保山地区文化局,等//云南保山民族民间音乐|保山地区文化局,等|云南人民出版社,1986

01577/E0046 巴子露谷密匝匝|保山地区文化局,等//云南保山民族民间音乐|保山地区文化局,等|云南人民出版社,1986

01578/E0047 芭蕉歌|保山地区文化局,等//云南保山民族民间音乐|保山地区文化局,等|云南人民出版社,1986

01579/E0048 芭蕉树下|保山地区文化局,等//云南保山民族民间音乐|保山地区文化局,等|云南人民出版社,1986

01580/E0049 背着篮子去找菜(三弦调)|保山地区文化局,等//云南保山民族民间音乐|保山地区文化局,等|云南人民出版社,1986

01581/E0050 背着弩箭去打猎(三弦调)|保山地区文化局,等//云南保山民族民间音乐|保山地区文化局,等|云南人民出版社,1986

01582/E0051 布谷声声叫(酒哈木瓜)|保山地区文化局,等//云南保山民族民间音乐|保山地区文化局,等|云南人民出版社,1986

01583/E0052 茶叶罐里没有味|保山地区文化局,等//云南保山民族民间音乐|保山地区文化局,等|云南人民出版社,1986

01584/E0053 唱起来跳起来(跳嘎调)|保山地区文化局,等//云南保山民族民间音乐|保山地区文化局,等|云南人民出版社,1986

01585/E0054 打猎调(华花木瓜)|保山地区文化局,等//云南保山民族民间音乐|保山地区文化局,等|云南人民出版社,1986

01586/E0055 太扎河水清悠悠|保山地区文化局,等//云南保山民族民间音乐|保山地区文化局,等|云南人民出版社,1986

01587/E0056 倒折歌(葫芦笙曲)|保山地区文化局,等//云南保山民族民间音乐|保山地区文化局,等|云南人民出版社,1986

01588/E0057 咚咚锵|保山地区文化局,等//云南保山民族民间音乐|保山地区文化局,等|云南人民出版社,1986

01589/E0058 放声把歌唱(酒哈木瓜)|保山地区文化局,等//云南保山民族民间音乐|保山地区文化局,等|云南人民出版社,1986

01590/E0059 福贡傈僳族的春浴与歌会|王嘉相//怒江文史资料选辑(第六辑)|中国人民政治协商会议怒江傈僳族自治州委员会文史资料研究委员会|政协怒江傈僳族自治州委员会文史资料研究委员会(内部资料),1986

01591/E0060 赶街歌(葫芦笙曲)|保山地区文化局,等//云南保山民族民间音乐|保山地区文化局,等|云南人民出版社,1986

01592/E0061 各族兄弟来相会|保山地区文化局,等//云南保山民族民间音乐|保山地区文化局,等|云南人民出版社,1986

01593/E0062 共产党好领导(摆时摆)|保山地区文化局,等//云南保山民族民间音乐|保山地区文化局,等|云南人民出版社,1986

01594/E0063 姑娘理麻(三弦调)|保山地区文化局,等//云南保山民族民间音乐|保山地区文化局,等|云南人民出版社,1986

01595/E0064 姑娘们,来打歌(葫芦笙曲)|保山地区文化局,等//云南保山民族民间音乐|保山地区文化局,等|云南人民出版社,1986

01596/E0065 姑娘们快来啊|保山地区文化局,等//云南保山民族民间音乐|保山地区文化局,等|云南人民出版社,1986

01597/E0066 姑娘小伙来打歌|保山地区文化局,等//云南保山民族民间音乐|保山地区文化局,等|云南人民出版社,1986

01598/E0067 河头上(三弦调)|保山地区文化局,等//云南保山民族民间音乐|保山地区文化局,等|云南人民出版社,1986

01599/E0068 哄娃娃调|保山地区文化局,等//云南保山民族民间音乐|保山地区文化局,等|云南人民出版社,1986

01600/E0069 划拳调(阿达诗)|保山地区文化局,等//云南保山民族民间音乐|保山地区文化局,等|云南人民出版社,1986

01601/E0070 接亲的人来了|保山地区文化局,等//云南保山民族民间音乐|保山地区文化局,等|云南人民出版社,1986

01602/E0071 舅爹买来小花糖(三弦调)|保山地区文化局,等//云南保山民族民间音乐|保山地区文化局,等|云南人民出版社,1986

01603/E0072 可爱的小姑娘|保山地区文化局,等//云南保山民族民间音乐|保山地区文化局,等|云南人民出版社,1986

01604/E0073 可惜走了小老妹|保山地区文化局,等//云南保山民族民间音乐|保山地区文化局,等|云南人民出版社,1986

01605/E0074 唻拢咪|保山地区文化局,等//云南保山民族民间音乐|保山地区文化局,等|云南人民出版社,1986

01606/E0075 老四进家来(三弦调)|保山地区文化局,等//云南保山民族民间音乐|保山地区文化局,等|云南人民出版社,1986

01607/E0076 傈僳山寨开百花|保山地区文化局,等//云南保山民族民间音乐|保山地区文化局,等|云南人民出版社,1986

01608/E0077 傈僳调(阿其诀列曲)|保山地区文化局,等//云南保山民族民间音乐|保山地区文化局,等|云南人民出版社,1986

01609/E0078 傈僳团结建边疆|保山地区文化局,等//云南保山民族民间音乐|保山地区文化局,等|云南人民出版社,1986

01610/E0079 傈僳文图书|中国版本图书馆//全国总书目(1983)|中国版本图书馆|中华书局,1986

01611/E0080 六门歌(葫芦笙曲)|保山地区文化局,等//云南保山民族民间音乐|保山地区文化局,等|云南人民出版社,1986

01612/E0081 玛古调二首|保山地区文化局,等//云南保山民族民间音乐|保山地区文化局,等|云南人民出版社,1986

01613/E0082 没走过的坝子|保山地区文化局,等//云南保山民族民间音乐|保山地区文化局,等|云南人民出版社,1986

01614/E0083 咪咪日阿(三弦调)|保山地区文化局,等//云南保山民族民间音乐|保山地区文化局,等|云南人民出版社,1986

01615/E0084 磨刀歌|保山地区文化局,等//云南保山民族民间音乐|保山地区文化局,等|云南人民出版社,1986

01616/E0085 其本儿(三弦调)|保山地区文化局,等//云南保山民族民间音乐|保山地区文化局,等|云南人民出版社,1986

01617/E0086 如今我们心欢畅(木瓜必乌)|保山地区文化局,等//云南保山民族民间音乐|保山地区文化局,等|云南人民出版社,1986

01618/E0087 三弦调二首|保山地区文化局,等//云南保山民族民间音乐|保山地区文化局,等|云南人民出版社,1986

01619/E0088 三弦舞曲|保山地区文化局,等//云南保山民族民间音乐|保山地区文化局,等|云南人民出版社,1986

01620/E0089 三弦舞曲(其本刮欠)|保山地区文化局,等//云南保山民族民间音乐|保山地区文化局,等|云南人民出版社,1986

01621/E0090 三只小雀|保山地区文化局,等//云南保山民族民间音乐|保山地区文化局,等|云南人民出版社,1986

01622/E0091 山花朵朵(三弦调)|保山地区文化局,等//云南保山民族民间音乐|保山地区文化局,等|云南人民出版社,1986

01623/E0092 抒情调(阿其诀列曲)|保山地区文化局,等//云南保山民族民间音乐|保山地区文化局,等|云南人民出版社,1986

01624/E0093 树上的花好香(绣花歌)|保山地区文化局,等//云南保山民族民间音乐|保山地区文化局,等|云南人民出版社,1986

01625/E0094 松鼠吃核桃|保山地区文化局,等//云南保山民族民间音乐|保山地区文化局,等|云南人民出版社,1986

01626/E0095 梭边歌(葫芦笙曲)|保山地区文化局,等//云南保山民族民间音乐|保山地区文化局,等|云南人民出版社,1986

01627/E0096 甜荞芝麻背回来|保山地区文化局,等//云南保山民族民间音乐|保山地区文化局,等|云南人民出版社,1986

01628/E0097 跳起嘎来多快活(跳嘎调)|保山地区文化局,等//云南保山民族民间音乐|保山地区文化局,等|云南人民出版社,1986

01629/E0098 铜盆歌|保山地区文化局,等//云南保山民族民间音乐|保山地区文化局,等|云南人民出版社,1986

01630/E0099 下扣字(葫芦笙曲)|保山地区文化局,等//云南保山民族民间音乐|保山地区文化局,等|云南人民出版社,1986

01631/E0100 小半翻(葫芦笙曲)|保山地区文化局,等//云南保山民族民间音乐|保山地区文化局,等|云南人民出版社,1986

01632/E0101 小公鸡叫起来|保山地区文化局,等//云南保山民族民间音乐|保山地区文化局,等|云南人民出版社,1986

01633/E0102 小雀吃野果|保山地区文化局,等//云南保山民族民间音乐|保山地区文化局,等|云南人民出版社,1986

01634/E0103 心爱朋友|保山地区文化局,等//云南保山民族民间音乐|保山地区文化局,等|云南人民出版社,1986

01635/E0104 星星亮晶晶(三弦调)|保山地区文化局,等//云南保山民族民间音乐|保山地区文化局,等|云南人民出版社,1986

01636/E0105 幸福生活唱不完|保山地区文化局,等//云南保山民族民间音乐|保山地区文化局,等|云南人民出版社,1986

01637/E0106 绣得荷包送小郎(三弦调)|保山地区文化局,等//云南保山民族民间音乐|保山地区文化局,等|云南人民出版社,1986

01638/E0107 长刀歌|保山地区文化局,等//云南保山民族民间音乐|保山地区文化局,等|云南人民出版社,1986

01639/E0108 知音信(三弦调)|保山地区文化局,等//云南保山民族民间音乐|保山地区文化局,等|云南人民出版社,1986

01640/E0109 最小的姑娘打发了(三弦调)|保山地区文化局,等//云南保山民族民间音乐|保山地区文化局,等|云南人民出版社,1986

1987 年

01641/E0110　保山县潞江坝胡家寨傈僳族社会历史情况调查|《民族问题五种丛书》云南省编辑组//云南少数民族社会历史调查资料汇编(二)|《民族问题五种丛书》云南省编辑组|云南人民出版社,1987

01642/E0111　碧江县五区色得乡傈僳族社会调查|《民族问题五种丛书》云南省编辑组//云南少数民族社会历史调查资料汇编(二)|《民族问题五种丛书》云南省编辑组|云南人民出版社,1987

01643/E0112　福贡基督教传播史略|付阿伯,等//怒江文史资料选辑(第八辑)|中国人民政治协商会议怒江傈僳族自治州委员会文史资料研究委员会|怒江州政协《怒江文史资料选辑》编辑室(内部资料),1987

01644/E0113　欢乐的傈僳新年|沈澈//西南秘境万里行|沈澈|商务印书馆(香港)有限公司,1987

01645/E0114　回顾生涯片段|付阿伯,等//怒江文史资料选辑(第八辑)|中国人民政治协商会议怒江傈僳族自治州委员会文史资料研究委员会|怒江州政协《怒江文史资料选辑》编辑室(内部资料),1987

01646/E0115　傈汉词典|徐琳,等//中国社会科学院民族研究所科学研究论著提要(1986 年度)|中国社会科学院民族研究所科研处|中国社会科学院民族研究所科研处(内部资料),1987

01647/E0116　傈僳、怒、勒墨人音乐概述|李卫才,等//碧江文史资料选集|中国人民政治协商会议碧江县委会文史资料编写组|中国人民政治协商会议碧江县委会文史资料编写组(内部资料),1987

01648/E0117　傈僳琵琶|王振光//三弦练习曲选|王振光|人民音乐出版社,1987

01649/E0118　傈僳语|中央民族学院少数民族语言研究所//中国少数民族语言|中央民族学院少数民族语言研究所|四川民族出版社,1987

01650/E0119　傈僳语简志|徐琳,等//中国社会科学院民族研究所科学研究论著提要(1986 年度)|中国社会科学院民族研究所科研处|中国社会科学院民族研究所科研处(内部资料),1987

01651/E0120　傈僳族语言文字研究概况|木玉璋//中国社会科学院民族研究所科学研究论著提要(1987 年度)|中国社会科学院民族研究所科研处|中国社会科学院民族研究所科研处(内部资料),1987

01652/E0121　傈僳族刮木必的传说与世系|付阿伯等(口述),胡正生(搜集)//怒江文史资料选辑(第八辑)|中国人民政治协商会议怒江傈僳族自治州委员会文史资料研究委员会|怒江州政协《怒江文史资料选辑》编辑室(内部资料),1987

01653/E0122　龙陵县黄连河乡傈僳族经济情况调查|《民族问题五种丛书》云南省编辑组//云南少数民族社会历史调查资料汇编(二)|《民族问题五种丛书》云南省编辑组|云南人民出版社,1987

01654/E0123 潞西县杨家场寨傈僳族经济情况调查|《民族问题五种丛书》云南省编辑组//云南少数民族社会历史调查资料汇编(二)|《民族问题五种丛书》云南省编辑组|云南人民出版社,1987

01655/E0124 腾冲县古永区蔡家寨傈僳族社会历史情况调查|《民族问题五种丛书》云南省编辑组//云南少数民族社会历史调查资料汇编(二)|《民族问题五种丛书》云南省编辑组|云南人民出版社,1987

01656/E0125 哇忍波傈僳音节文字|木玉璋,等//中国社会科学院民族研究所科学研究论著提要(1987年度)|中国社会科学院民族研究所科研处|中国社会科学院民族研究所科研处(内部资料),1987

01657/E0126 维西县三区齐乐乡傈僳族经济调查|《民族问题五种丛书》云南省编辑组//云南少数民族社会历史调查资料汇编(二)|《民族问题五种丛书》云南省编辑组|云南人民出版社,1987

01658/E0127 彝、纳西、傈僳等族崇虎、以黑虎为图腾|杨和森//图腾层次论|杨和森|云南人民出版社,1987

01659/E0128 盈江县苏典傈僳族调查报告|《民族问题五种丛书》云南省编辑组//云南少数民族社会历史调查资料汇编(二)|《民族问题五种丛书》云南省编辑组|云南人民出版社,1987

01660/E0129 永胜县松坪乡傈僳族社会调查|《民族问题五种丛书》云南省编辑组//云南少数民族社会历史调查资料汇编(二)|《民族问题五种丛书》云南省编辑组|云南人民出版社,1987

1988 年

01661/E0130 楚沙扒领导的傈僳农民起义|丽江县政协文史资料委员会//丽江文史资料(第五辑)|丽江县政协文史资料委员会|丽江县政协文史资料委员会(内部资料),1988

01662/E0131 二十七本傈僳文圣经书的译制经过|约秀,等//福贡县文史资料选辑(第一辑)|中国人民政治协商会议福贡县委员会文史资料研究委员会|福贡县政协《福贡县文史资料选辑》编辑室(内部资料),1988

01663/E0132 “歌舞王国”话傈僳|洪俊//民族风情与审美|全国民族院校文艺理论研究会|红旗出版社,1988

01664/E0133 欢乐的傈僳新年|沈澈//天涯孤旅——滇西北探秘采风录|沈澈|人民日报出版社,1988

01665/E0134 里吾底傈僳族木氏族的图腾传说和迁徙分布|史富相(搜集整理)//福贡县文史资料选辑(第一辑)|中国人民政治协商会议福贡县委员会文史资料研究委员会|福贡县政协《福贡县文史资料选辑》编辑室(内部资料),1988

01666/E0135 里吾底傈僳族头人称所扒求管史访|木春富,等//福贡县文史资料选辑(第一辑)|中国人民政治协商会议福贡县委员会文史资料研究委员会|福贡县政协《福贡县文史资料选辑》编辑室(内部资料),1988

01667/E0136 傈僳文图书|中国版本图书馆//全国总书目(1984)|中国版本图书馆|中华书局,1988

01668/E0137 傈僳文图书|中国版本图书馆//全国总书目(1985)|中国版本图书馆|中华书局,1988

01669/E0138 傈僳族的祭“莫尼”歌|木春富(搜集),普利颜(整理)//福贡县文史资料选辑(第一辑)|中国人民政治协商会议福贡县委员会文史资料研究委员会|福贡县政协《福贡县文史资料选辑》编辑室(内部资料),1988

01670/E0139 傈僳族的民间舞蹈“欠俄”|木成香//福贡县文史资料选辑(第一辑)|中国人民政治协商会议福贡县委员会文史资料研究委员会|福贡县政协《福贡县文史资料选辑》编辑室(内部资料),1988

01671/E0140 傈僳族源和“傈僳”一词的来历|胡正生(搜集),杨如铎(整理)//福贡县文史资料选辑(第一辑)|中国人民政治协商会议福贡县委员会文史资料研究委员会|福贡县政协《福贡县文史资料选辑》编辑室(内部资料),1988

01672/E0141 傈寨歌舞山乡行|大成,等//神奇的大峡谷|大成,等|云南少年儿童出版社,1988

01673/E0142 民族英雄——恒乍绷|大成,等//神奇的大峡谷|大成,等|云南少年儿童出版社,1988

01674/E0143 月夜踏歌傈僳情|张绍仁,等//茶乡——昌宁|张绍仁,等|云南人民出版社,1988

01675/E0144 资源丰饶的傈僳家园|大成,等//神奇的大峡谷|大成,等|云南少年儿童出版社,1988

1989 年

01676/E0145 解放前独龙族部份生产生活习俗(傈僳文)|约翰,等//怒江文史资料选辑(第十一辑)|中国人民政治协商会议怒江傈僳族自治州委员会文史资料研究委员会|政协怒江傈僳族自治州委员会文史资料研究委员会(内部资料),1989

01677/E0146 傈僳、景颇、佤族的家长奴隶制|杨毓才//云南各民族经济发展史|杨毓才|云南民族出版社,1989

01678/E0147 傈僳边寨|高缨//向往那片神奇|高缨|广东旅游出版社,1989

01679/E0148 傈僳人的摇篮|密英文//十九岁的太阳|密英文|民族出版社,1989

01680/E0149 傈僳族、怒族的原始伙有共耕制|杨毓才//云南各民族经济发展史|杨毓才|云南民族出版社,1989

01681/E0150 怒族、傈僳族的服饰变革及特点|陈瑞金//怒江文史资料选辑(第十一辑)|中国人民政治协商会议怒江傈僳族自治州委员会文史资料研究委员会|政协怒江傈僳族自治州委员会文史资料研究委员会(内部资料),1989

01682/E0151 哇忍波自传|木玉璋,等//维西文史资料(第一辑)|中国人民政治协商会议云南省维西傈僳族自治县委员会文史资料研究委员会|政协云南省维西傈僳族自治县委员会文史资料委员会(内部资料),1989

01683/E0152 与傈僳族的交往关系|政协怒江傈僳族自治州委员会文史研究委员会，等//怒江文史资料选辑（第十二辑）|政协怒江傈僳族自治州委员会文史研究委员会，等|政协怒江傈僳族自治州委员会、兰坪白族普米族自治县委员会文史研究委员会（内部资料），1989

01684/E0153 中国人民政治协商会议云南省维西傈僳族自治县历届委员会名单|中国人民政治协商会议云南省维西傈僳族自治县委员会文史资料研究委员会//维西文史资料（第一辑）|中国人民政治协商会议云南省维西傈僳族自治县委员会文史资料研究委员会|政协云南省维西傈僳族自治县委员会文史资料委员会（内部资料），1989

1990 年

01685/E0154 白、哈尼、纳西、傈僳、拉祜、基诺诸族|江应梁//中国民族史（下）|江应梁|民族出版社，1990

01686/E0155 邦别傈僳寨的今天|曹大忠//德宏傣族景颇族自治州解放四十周年纪念文集|德宏史志办公室|德宏民族出版社，1990

01687/E0156 从傈僳勒巴舞看傈僳舞蹈的共融|诸永英//云南民族舞蹈论集|云南省民族艺术研究所|云南人民出版社，1990

01688/E0157 从有关记载看傈僳族首领恒乍绷起义|杨寿发//怒江文史资料选辑（第十五辑）|中国人民政治协商会议怒江傈僳族自治州委员会，等|政协怒江傈僳族自治州委员会兰坪白族普米族自治县委员会文史资料委员会（内部资料），1990

01689/E0158 对比法在傈僳语教学中的应用|陈嘉瑛//民族语文专业教学经验文集|中央民族学院少数民族语言文学三系，等|贵州民族出版社，1990

01690/E0159 福贡傈僳族的原始记事通讯方式|胡学才//怒江文史资料选辑（第十四辑）|中国人民政治协商会议怒江傈僳族自治州委员会文史资料委员会编|政协怒江傈僳族自治州委员会文史资料委员会（内部资料），1990

01691/E0160 福贡傈僳族婚礼习俗|木劲松//福贡县文史资料选辑（第二辑）|中国人民政治协商会议福贡县委员会文史资料研究委员会|福贡县政协《福贡县文史资料选辑》编辑室（内部资料），1990

01692/E0161 福贡傈僳族婚俗|和永祥//福贡县文史资料选辑（第二辑）|中国人民政治协商会议福贡县委员会文史资料研究委员会|福贡县政协《福贡县文史资料选辑》编辑室（内部资料），1990

01693/E0162 福贡傈僳族年节习俗|木劲松//福贡县文史资料选辑（第二辑）|中国人民政治协商会议福贡县委员会文史资料研究委员会|福贡县政协《福贡县文史资料选辑》编辑室（内部资料），1990

01694/E0163 福贡傈僳族丧葬礼仪|木劲松//福贡县文史资料选辑（第二辑）|中国人民政治协商会议福贡县委员会文史资料研究委员会|福贡县政协《福贡县文史资料选辑》编辑室（内部资料），1990

01695/E0164　和沛三、施桂生起义|赵鉴新,等//峡谷风情录|赵鉴新,等|民族出版社,1990

01696/E0165　恒乍绷起义|赵鉴新,等//峡谷风情录|赵鉴新,等|民族出版社,1990

01697/E0166　火的儿子——峡谷中的傈僳族|赵鉴新,等//峡谷风情录|赵鉴新,等|民族出版社,1990

01698/E0167　丽江县纳西文报和傈僳文报|马树勋//中国少数民族文字报纸概略|马树勋|内蒙古大学出版社,1990

01699/E0168　傈僳文图书|中国版本图书馆,等//全国总书目(1986)|中国版本图书馆,等|中华书局,1990

01700/E0169　傈僳族|王丽珠,等//祥云县少数民族志|王丽珠,等|云南人民出版社,1990

01701/E0170　傈僳族|吴言韪,等//中国少数民族乐器大观|吴言韪,等|四川人民出版社,1990

01702/E0171　傈僳族服饰|赵鉴新,等//峡谷风情录|赵鉴新,等|民族出版社,1990

01703/E0172　神出鬼没——记龙潞游击队傈僳中队|余五//云南文史资料选辑(第三十九辑)|中国人民政治协商会议云南省委员会文史资料委员|云南人民出版社,1990

01704/E0173　《团结报》的傣文报和傈僳文报|马树勋//中国少数民族文字报纸概略|马树勋|内蒙古大学出版社,1990

01705/E0174　汪忍波创造的傈僳族音节文字简介|维西县宣传部,等//迪庆州文史资料选辑(第三辑)|中国人民政治协商会议迪庆藏族自治州委员会文史资料研究委员会|中国人民政治协商会议迪庆藏族自治州委员会文史资料研究委员会(内部资料),1990

01706/E0175　我所知道的傈僳文字情况|木顺江//福贡县文史资料选辑(第二辑)|中国人民政治协商会议福贡县委员会文史资料研究委员会|福贡县政协《福贡县文史资料选辑》编辑室(内部资料),1990

01707/E0176　新、老傈僳文的《怒江报》|马树勋//中国少数民族文字报纸概略|马树勋|内蒙古大学出版社,1990

01708/E0177　一年一度的盍时节|赵鉴新,等//峡谷风情录|赵鉴新,等|民族出版社,1990

01709/E0178　云南省怒江傈僳族自治州自治条例|甘重斗//中国法律年鉴|《中国法律年鉴》编辑部|中国法律年鉴出版社,1990

1991年

01710/E0179　傈僳文|陈嘉瑛//中国各民族文字与电脑信息处理|戴庆厦,等|中央民族学院出版社,1991

01711/E0180　傈僳文图书|中国版本图书馆,等//全国总书目(1987)|中国版本图书馆,等|中华书局,1991

01712/E0181　傈僳语语音系统|《藏缅语语音和词汇》编写组//藏缅语语音和词汇|《藏缅语语音和词汇》编写组|中国社会科学出版社,1991

01713/E0182 傈僳字|戴庆厦,等//中国各民族文字与电脑信息处理|戴庆厦,等|中央民族学院出版社,1991

01714/E0183 奇异的宁蒗白傈僳风俗|朱学茂,等//宁蒗文史资料选辑(第一辑)|马继典,等|中国人民政治协商会议宁蒗彝族自治县委员会文史资料委员会(内部资料),1991

1992 年

01715/E0184 盍什节(傈僳历一月初五至二月初十)|管延泉,等//中国节庆纪念日集锦|管延泉,等|河南人民出版社,1992

01716/E0185 老傈僳文|中国社会科学院民族研究所,等//中国少数民族文字|中国社会科学院民族研究所,等|中国藏学出版社,1992

01717/E0186 里吾底傈僳族恋爱婚姻情况调差|木永生//福贡县文史资料选辑(第四辑)|华国育,等|福贡县政协《福贡县文史资料选辑》编辑室(内部资料),1992

01718/E0187 傈僳婚礼掠影|巴城//民俗风情|萧乾|商务印书馆(香港)有限公司,1992

01719/E0188 傈僳裙子花边为啥不相连|汪青玉//四川风俗传说选|汪青玉|四川民族出版社,1992

01720/E0189 傈僳人的春浴与醋酒|郜莹//因缘人间——独身女子边塞行|郜莹|张老师文化事业股份有限公司,1992

01721/E0190 傈僳丧葬歌|胡玉兰(收集整理)//福贡县文史资料选辑(第四辑)|华国育,等|福贡县政协《福贡县文史资料选辑》编辑室(内部资料),1992

01722/E0191 傈僳山寨|胡二花//我爱我的家乡·云南卷|贺泽忠|旅游教育出版社,1992

01723/E0192 傈僳太极图|李汝春//唐至清代有关维西史料辑录|李汝春|维西傈僳族自治县志编委会办公室(内部资料),1992

01724/E0193 傈僳文图书|中国版本图书馆,等//全国总书目(1988)|中国版本图书馆,等|中华书局,1992

01725/E0194 傈僳伊特语群|(澳)布莱德雷,等//彝语支源流|(澳)布莱德雷,等|四川民族出版社,1992

01726/E0195 傈僳族(春节)|管延泉,等//中国节庆纪念日集锦|管延泉,等|河南人民出版社,1992

01727/E0196 傈僳族的阔时节|汪青玉//四川风俗传说选|汪青玉|四川民族出版社,1992

01728/E0197 傈僳族食风|鲁克才//中华民族饮食风俗大观|鲁克才|世界知识出版社,1992

01729/E0198 傈僳族哲学思想的萌芽|萧万源,等//中国少数民族哲学史|萧万源,等|安徽人民出版社,1992

01730/E0199 生病杀羊子的来由(傈僳族)|汪青玉//四川风俗传说选|汪青玉|四川民族出版社,1992

01731/E0200 新傈僳文|中国社会科学院民族研究所,等//中国少数民族文字|中国社会科学院民族研究所,等|中国藏学出版社,1992

1993 年

01732/E0201 德昌、盐边、会东、木里的傈僳族|王开友//巴蜀民族风情|王开友|四川民族出版社,1993

01733/E0202 对歌声中结连理(傈僳族)|杨子东,等//中华民俗风情大观|杨子东,等|陕西师范大学出版社,1993

01734/E0203 傈僳季节月|德宏傣族景颇族自治州人民政府//德宏大观|德宏傣族景颇族自治州人民政府|上海文艺出版社,1993

01735/E0204 傈僳人的弩弓和砍刀|杨子东,等//中华民俗风情大观|杨子东,等|陕西师范大学出版社,1993

01736/E0205 傈僳人信奉多神鬼|杨子东,等//中华民俗风情大观|杨子东,等|陕西师范大学出版社,1993

01737/E0206 傈僳语|德宏傣族景颇族自治州人民政府//德宏大观|德宏傣族景颇族自治州人民政府|上海文艺出版社,1993

01738/E0207 傈僳族|德宏傣族景颇族自治州人民政府//德宏大观|德宏傣族景颇族自治州人民政府|上海文艺出版社,1993

01739/E0208 傈僳族刺绣|德宏傣族景颇族自治州人民政府//德宏大观|德宏傣族景颇族自治州人民政府|上海文艺出版社,1993

01740/E0209 傈僳族的"牛亲戚"|余新//怒江文史资料选辑(第二十二辑)|中国人民政治协商会议怒江傈僳族自治州委员会文史资料委员会|政协怒江傈僳族自治州委员会文史资料委员会(内部资料),1993

01741/E0210 傈僳族的火把节|德宏傣族景颇族自治州人民政府//德宏大观|德宏傣族景颇族自治州人民政府|上海文艺出版社,1993

01742/E0211 傈僳族的阔时节|德宏傣族景颇族自治州人民政府//德宏大观|德宏傣族景颇族自治州人民政府|上海文艺出版社,1993

01743/E0212 傈僳族的兰花烟|德宏傣族景颇族自治州人民政府//德宏大观|德宏傣族景颇族自治州人民政府|上海文艺出版社,1993

01744/E0213 傈僳族的历史概况|华世銧//卡场今昔|华世銧|国际文化出版公司,1993

01745/E0214 傈僳族的年节娱乐|杨子东,等//中华民俗风情大观|杨子东,等|陕西师范大学出版社,1993

01746/E0215 傈僳族的新米节|德宏傣族景颇族自治州人民政府//德宏大观|德宏傣族景颇族自治州人民政府|上海文艺出版社,1993

01747/E0216 傈僳族妇女服饰|德宏傣族景颇族自治州人民政府//德宏大观|德宏傣族景颇族自治州人民政府|上海文艺出版社,1993

01748/E0217 傈僳族简史|德宏傣族景颇族自治州人民政府//德宏大观|德宏傣族景颇族自治州人民政府|上海文艺出版社,1993

01749/E0218 傈僳族礼仪种种|杨子东,等//中华民俗风情大观|杨子东,等|陕西师范大学出版社,1993

01750/E0219　傈僳族辽徙简况|华世銑//卡场今昔|华世銑|国际文化出版公司,1993

01751/E0220　傈僳族食俗|杨子东,等//中华民俗风情大观|杨子东,等|陕西师范大学出版社,1993

01752/E0221　傈僳族习俗访谈记|洪浚//怒江文史资料选辑(第二十一辑)|中国人民政治协商会议怒江傈僳族自治州委员会文史资料委员会|政协怒江傈僳族自治州委员会文史资料委员会(内部资料),1993

01753/E0222　傈僳族葬俗|德宏傣族景颇族自治州人民政府//德宏大观|德宏傣族景颇族自治州人民政府|上海文艺出版社,1993

01754/E0223　毛泽东著作单行本出版情况(傈僳文)|张惠芝,等//毛泽东生平著作研究目录大全|张惠芝,等|河北教育出版社,1993

01755/E0224　毛主席活在傈僳心窝里|程广振,等//咱们的领袖毛泽东歌颂毛泽东诗词民歌选粹|程广振,等|中国工人出版社,1993

01756/E0225　替命村傈僳族丧俗|李四明//怒江文史资料选辑(第二十二辑)|中国人民政治协商会议怒江傈僳族自治州委员会文史资料委员会|政协怒江傈僳族自治州委员会文史资料委员会(内部资料),1993

01757/E0226　我国傈僳语标准音与泰国傈僳语的语音比较|陈嘉瑛//跨境语言研究|戴庆厦|中央民族学院出版社,1993

1994 年

01758/E0227　沧江傈僳汉——记云南省兰坪县营盘铜矿厂长和国芳|王学佐,等//中华创业者(下)|张令|海潮出版社,1994

01759/E0228　称戞傈僳族鲁吉曼起义|杨约拿,等//怒江文史资料选辑·第一至二十辑摘编(上卷)|中国人民政治协商会议云南省怒江傈僳族自治州委员会文史资料委员会|德宏民族出版社,1994

01760/E0229　福贡傈僳族的春浴与歌会|王嘉相//怒江文史资料选辑·第一至二十辑摘编(下卷)|中国人民政治协商会议云南省怒江傈僳族自治州委员会文史资料委员会|德宏民族出版社,1994

01761/E0230　福贡傈僳族的风俗习惯|张祖武//怒江文史资料选辑·第一至二十辑摘编(下卷)|中国人民政治协商会议云南省怒江傈僳族自治州委员会文史资料委员会|德宏民族出版社,1994

01762/E0231　福贡傈僳族的原始记事通讯方式|胡学才//怒江文史资料选辑·第一至二十辑摘编(下卷)|中国人民政治协商会议云南省怒江傈僳族自治州委员会文史资料委员会|德宏民族出版社,1994

01763/E0232　傈僳|(清)余庆远//维西见闻纪|(清)余庆远|维西傈僳族自治县志编委会办公室(内部资料),1994

01764/E0233　傈僳同胞迎宾"三杯酒"|胡应舒//南丝古道话今昔|中国人民政治协商会议四川省川西南片区文史资料工作协作会|四川辞书出版社,1994

01765/E0234　傈僳文图书|中国版本图书馆//全国总书目(1989)|中国版本图书馆|中华书局,1994

01766/E0235　傈僳语|中国社会科学院民族研究所,等//中国少数民族语言使用情况|中国社会科学院民族研究所,等|中国藏学出版社,1994

01767/E0236　《傈僳语简志》概览|徐琳//编纂《民族问题五种丛书》文库之三·概览编|张养吾|中央民族大学出版社,1994

01768/E0237　傈僳族|杨学琛//中国民族史|杨学琛|文津出版社,1994

01769/E0238　《傈僳族简史》概览|杨毓才//编纂《民族问题五种丛书》文库之三·概览编|张养吾|中央民族大学出版社,1994

01770/E0239　《傈僳族怒族勒墨人(白族支系)社会历史调查》概览|张养吾//编纂《民族问题五种丛书》文库之三·概览编|张养吾|中央民族大学出版社,1994

01771/E0240　《傈僳族社会历史调查》概览|张养吾//编纂《民族问题五种丛书》文库之三·概览编|张养吾|中央民族大学出版社,1994

01772/E0241　民国六年兰坪傈僳族白族农民起义概述|杨耀宗//怒江文史资料选辑·第一至二十辑摘编(上卷)|中国人民政治协商会议云南省怒江傈僳族自治州委员会文史资料委员会|德宏民族出版社,1994

01773/E0242　怒江傈僳族养氏溯源|付阿伯,等//怒江文史资料选辑·第一至二十辑摘编(上卷)|中国人民政治协商会议云南省怒江傈僳族自治州委员会文史资料委员会|德宏民族出版社,1994

01774/E0243　《怒江傈僳族自治州概况》概览|李道生//编纂《民族问题五种丛书》文库之三·概览编|张养吾|中央民族大学出版社,1994

01775/E0244　怒族、傈僳族的服饰变革及特点|陈瑞金//怒江文史资料选辑·第一至二十辑摘编(下卷)|中国人民政治协商会议云南省怒江傈僳族自治州委员会文史资料委员会|德宏民族出版社,1994

01776/E0245　《四川苗族傈僳族傣族白族满族社会历史调查资料丛刊》概览|杜品光//编纂《民族问题五种丛书》文库之三·概览编|张养吾|中央民族大学出版社,1994

01777/E0246　维西傈僳族自治县|中国社会科学院民族研究所,等//中国少数民族语言使用情况|中国社会科学院民族研究所,等|中国藏学出版社,1994

1995 年

01778/E0247　从有关记载看傈僳族首领恒乍绷起义|杨寿发//维西文史资料(第三辑)|丰文龙,等|政协云南省维西傈僳族自治县委员会文史资料委员会(内部资料),1995

01779/E0248　历代婚姻制度与维西傈僳族自治县解放前各民族的婚礼习俗|赵廷广//维西文史资料(第三辑)|丰文龙,等|政协云南省维西傈僳族自治县委员会文史资料委员会(内部资料),1995

01780/E0249　傈僳风情画(7首)|李伍久//边陲横笛|李伍久|广西民族出版社,1995

01781/E0250 傈僳人的待客习俗|丘桓兴,等//孔雀之乡的民俗与旅游|丘桓兴,等|旅游教育出版社,1995

01782/E0251 傈僳族民间故事|祝发清,等//中华民族故事大系·黎族民间故事 傈僳族民间故事 佤族民间故事|祝发清,等|上海文艺出版社,1995

01783/E0252 傈僳族专辑|福贡县政协文史编辑室,等//福贡县文史资料选辑(第六辑)|宝山屹,等|福贡县政协文史编辑室、福贡县民族宗教委员会(内部资料),1995

01784/E0253 怒江傈僳族自治州人民政府关于进一步扩大对外开放的若干政策规定|李道生,等//怒江文史资料选辑(第二十三辑)|李道生,等|政协怒江傈僳族自治州委员会文史资料委员会(内部资料),1995

01785/E0254 维西傈僳族自治县公路建设概况|和自成//维西文史资料(第三辑)|丰文龙,等|政协云南省维西傈僳族自治县委员会文史资料委员会(内部资料),1995

01786/E0255 政协维西傈僳族自治县第七届委员会文史资料编撰委员会|丰文龙,等//维西文史资料(第三辑)|丰文龙,等|政协云南省维西傈僳族自治县委员会文史资料委员会(内部资料),1995

01787/E0256 中国人民政治协商会议云南省维西傈僳族自治县第一届委员会名单|丰文龙,等//维西文史资料(第三辑)|丰文龙,等|政协云南省维西傈僳族自治县委员会文史资料委员会(内部资料),1995

1996 年

01788/E0257 刀杆节|沙女//中外节目纪念日|沙女|中国青年出版社,1996

01789/E0258 傈僳人的新米节|沙女//中外节目纪念日|沙女|中国青年出版社,1996

01790/E0259 傈僳文图书|新闻出版署信息中心,等//全国总书目(1990)|新闻出版署信息中心,等|中华书局,1996

01791/E0260 傈僳撷萃|王景瑜//文旅博览·南丝古道行(上)|王景瑜|中国近现代史史科学会(内部资料),1996

01792/E0261 奇风异俗话傈僳|林忠亮,等//巴山蜀水的民俗与旅游|林忠亮,等|旅游教育出版社,1996

01793/E0262 浅议民族地区科技特点与发展对策——兼议傈僳族自治州科技发展途径|李向北//峡谷经济论|李怀森|民族出版社,1996

1997 年

01794/E0263 (汉、纳西、哈尼、傈僳及佤族)数据统计结果|云南省学生体育健康调查领导小组办公室//一九九五年云南省学生体质健康调查论文数据汇编|云南省学生体育健康调查领导小组办公室|云南省学生体质健康调查领导小组办公室(内部资料),1997

01795/E0264 景颇医药阿昌医药傈僳医药|陈士奎,等//中国传统医药概览|陈士奎,等|中国中医药出版社,1997

01796/E0265 傈僳文图书|新闻出版署信息中心，等//全国总书目(1991)|新闻出版署信息中心，等|中华书局，1997

01797/E0266 傈僳语地名|云南省地方志编纂委员会，等//云南省志·地名志|云南省地方志编纂委员会，等|云南人民出版社，1997

01798/E0267 傈僳族、彝族、普米族、怒族等诸民族的原始宗教|朱发德//黄柏志|朱发德|云南民族出版社，1997

01799/E0268 傈僳族的宇宙观|(美)艾伦 Y·德斯圣特(著)，刘远东(译)//怒江文史资料选辑(第二十五辑)|李道生，等|政协怒江州委员会文史资料委员会(内部资料)，1997

01800/E0269 傈僳族古代管理思想|刘云柏//中国古代管理思想史|刘云柏|陕西人民出版社，1997

01801/E0270 怒江傈僳族自治州|云南省地方志编纂委员会，等//云南省志·地名志|云南省地方志编纂委员会，等|云南人民出版社，1997

01802/E0271 怒江州傈僳族学生形态发育水平调查分析|云南省学生体育健康调查领导小组办公室//一九九五年云南省学生体质健康调查论文数据汇编|云南省学生体育健康调查领导小组办公室|云南省学生体质健康调查领导小组办公室(内部资料)，1997

01803/E0272 天狗吃月(傈僳)|袁珂，等//中国古代神话传奇|袁珂，等|重庆出版社，1997

01804/E0273 为什么傈僳人要给牛过洗澡节？|学文，等//小学生十万个为什么(社会科学版)|学文，等|河北少年儿童出版社，1997

01805/E0274 云南傈僳音节字|周有光//世界文字发展史|周有光|上海教育出版社，1997

01806/E0275 云南省第三次傈僳文新词术语规范会议|于宝林，等//中国民族研究年鉴(1994)|于宝林，等|民族出版社，1997

01807/E0276 云南省傈僳族研究会首届年会|于宝林，等//中国民族研究年鉴(1994)|于宝林，等|民族出版社，1997

01808/E0277 云南维西县的傈僳音节字|周有光//世界文字发展史|周有光|上海教育出版社，1997

01809/E0278 在普米、傈僳山寨从教的回顾|杨金龙//普米族|熊贵华，等|德宏民族出版社，1997

1998 年

01810/E0279 从山沟游向天河的傈僳姑娘|武国礼//耕耘与收获——云南日报春城晚报通讯员优秀作品集|云南日报社|云南人民出版社，1998

01811/E0280 欢乐的傈僳新年|沈澈//天涯孤旅——沈澈西南秘境拍摄记|沈澈|江西美术出版社、百花洲文艺出版社，1998

01812/E0281 傈僳人的美食“克爽爬腊”|和国才//可爱的第三国|和国才|北京十月文艺出版社，1998

01813/E0282 傈僳文图书|新闻出版署信息中心,等//全国总书目(1992)|新闻出版署信息中心,等|中华书局,1998

01814/E0283 傈僳音节字|周有光//比较文字学初探|周有光|语文出版社,1998

01815/E0284 傈僳族|德昌县地方志编纂委员会//德昌县志|德昌县地方志编纂委员会|四川人民出版社,1998

01816/E0285 傈僳族|陈康,等//中华文化通志·民族文化典·彝、纳西、拉祜、基诺、傈僳、哈尼、白、怒族文化志|陈康,等|上海人民出版社,1998

01817/E0286 傈僳族《跬其》《生产舞》|纪兰慰,等//中国少数民族舞蹈史|纪兰慰,等|中央民族大学出版社,1998

1999 年

01818/E0287 白、拉祜、哈尼、纳西、傈僳、景颇、阿昌、怒、基诺族|严英俊,等//历史:绚丽而凝重的历程|严英俊,等|中国民族摄影艺术出版社,1999

01819/E0288 花傈僳:百鸟羽裳|唐定国//新编保山风物志|唐定国|云南人民出版社,1999

01820/E0289 华坪“花傈僳”服饰|李群育//新编丽江风物志|李群育|云南人民出版社,1999

01821/E0290 纪念碑汉、景颇、傈僳文碑文|黄恩德,等//云南百年历史名碑|黄恩德,等|云南人民出版社,1999

01822/E0291 傈僳、怒、德昂等民族的行政管理制度|晓根//中国少数民族行政制度|晓根著|云南大学出版社,1999

01823/E0292 傈僳三弦|乐声//中国少数民族乐器|乐声|民族出版社,1999

01824/E0293 傈僳文图书|新闻出版署信息中心,等//全国总书目(1993)|新闻出版署信息中心,等|中华书局,1999

01825/E0294 傈僳文图书|新闻出版署信息中心,等//全国总书目(1994)|新闻出版署信息中心,等|中华书局,1999

01826/E0295 傈僳族地名|吴光范//话说云南——沿着地名的线索|吴光范|云南人民出版社,1999

01827/E0296 怒江傈僳族自治州|吴光范//话说云南——沿着地名的线索|吴光范|云南人民出版社,1999

01828/E0297 “前事不忘后事之师”碑铭、傈僳文纪念碑序|黄恩德,等//云南百年历史名碑|黄恩德,等|云南人民出版社,1999

01829/E0298 谈谈傈僳族的“摆时”|罗世保,等//怒江文史资料选辑(第二十八辑)|政协怒江州委员会文史和学习委员会|政协怒江州委员会文史和学习委员会(内部资料),1999

01830/E0299 寻找太阳头发的故事|何虎生,等//中国民间故事·世俗故事卷|何虎生,等|中国世界语出版社,1999

2000 年

01831/E0300 “傈僳族中最有学问的人”裴阿欠|赵伯乐//新编怒江风物志|赵伯乐|云南人民出版社,2000

01832/E0301 刀杆节|冯娟//云南的节日|冯娟|云南美术出版社,2000

01833/E0302 高山峡谷之子——傈僳族|赵伯乐//新编怒江风物志|赵伯乐|云南人民出版社,2000

01834/E0303 惊心动魄的“刀杆节”|赵伯乐//新编怒江风物志|赵伯乐|云南人民出版社,2000

01835/E0304 阔时节|冯娟//云南的节日|冯娟|云南美术出版社,2000

01836/E0305 傈僳砍刀和弩弓|赵伯乐//新编怒江风物志|赵伯乐|云南人民出版社,2000

01837/E0306 傈僳口弦|赵伯乐//新编怒江风物志|赵伯乐|云南人民出版社,2000

01838/E0307 傈僳文图书|云南省地方志编纂委员会//云南省志.出版志|云南省地方志编纂委员会|云南人民出版社,2000

01839/E0308 傈僳文图书|新闻出版署信息中心,等//全国总书目(1995)|新闻出版署信息中心,等|中华书局,2000

01840/E0309 傈僳文图书|新闻出版署信息中心,等//全国总书目(1997)|新闻出版署信息中心,等|中华书局,2000

01841/E0310 傈僳语|段伶,等//大理白族自治州志(卷七)|大理州地方志编纂委员会|云南人民出版社,2000

01842/E0311 傈僳杂息杂|冯娟//云南的节日|冯娟|云南美术出版社,2000

01843/E0312 傈僳竹木器|赵伯乐//新编怒江风物志|赵伯乐|云南人民出版社,2000

01844/E0313 傈僳族爱国牧师约秀|赵伯乐//新编怒江风物志|赵伯乐|云南人民出版社,2000

01845/E0314 傈僳族的“木刮布”|赵伯乐//新编怒江风物志|赵伯乐|云南人民出版社,2000

01846/E0315 傈僳族的“言褂子”|赵伯乐//新编怒江风物志|赵伯乐|云南人民出版社,2000

01847/E0316 傈僳族的木片信|赵伯乐//新编怒江风物志|赵伯乐|云南人民出版社,2000

01848/E0317 傈僳族的找新娘|赵伯乐//新编怒江风物志|赵伯乐|云南人民出版社,2000

01849/E0318 傈僳族的装饰物——贝币|赵伯乐//新编怒江风物志|赵伯乐|云南人民出版社,2000

01850/E0319 傈僳族的自然历法|赵伯乐//新编怒江风物志|赵伯乐|云南人民出版社,2000

01851/E0320 傈僳族地名有特点|赵伯乐//新编怒江风物志|赵伯乐|云南人民出版社,2000

01852/E0321 傈僳族妇女的“欧勒帽”和“拉白里底”|赵伯乐//新编怒江风物志|赵伯乐|云南人民出版社,2000

01853/E0322 傈僳族歌手李四益|赵伯乐//新编怒江风物志|赵伯乐|云南人民出版社,2000

01854/E0323 傈僳族祭师尼扒|赵伯乐//新编怒江风物志|赵伯乐|云南人民出版社,2000

01855/E0324 傈僳族建房习俗|赵伯乐//新编怒江风物志|赵伯乐|云南人民出版社,2000

01856/E0325 傈僳族历法与八卦|李维宝,等//云南少数民族天文历法研究|李维宝,等|云南科技出版社,2000

01857/E0326 傈僳族隆重的"阔时节"|赵伯乐//新编怒江风物志|赵伯乐|云南人民出版社,2000

01858/E0327 傈僳族民居|赵伯乐//新编怒江风物志|赵伯乐|云南人民出版社,2000

01859/E0328 傈僳族起义首领和沛三|赵伯乐//新编怒江风物志|赵伯乐|云南人民出版社,2000

01860/E0329 傈僳族善狩猎|赵伯乐//新编怒江风物志|赵伯乐|云南人民出版社,2000

01861/E0330 美观大方的傈僳族服装|赵伯乐//新编怒江风物志|赵伯乐|云南人民出版社,2000

01862/E0331 男 9 女 7——傈僳族的命名|赵伯乐//新编怒江风物志|赵伯乐|云南人民出版社,2000

01863/E0332 热烈庄重的傈僳族求婚仪式|赵伯乐//新编怒江风物志|赵伯乐|云南人民出版社,2000

01864/E0333 "雅巴驰"——傈僳族人钟爱的麻布衣|赵伯乐//新编怒江风物志|赵伯乐|云南人民出版社,2000

01865/E0334 载歌载舞的傈僳族婚礼|赵伯乐//新编怒江风物志|赵伯乐|云南人民出版社,2000

01866/E0335 众人同欢的傈僳舞|赵伯乐//新编怒江风物志|赵伯乐|云南人民出版社,2000

2001 年

01867/E0336 关于傈僳族的历法|李汝春//维西文史资料(第五辑)|丰文龙,等|政协云南省维西傈僳族自治县委员会文史资料委员会(内部资料),2001

01868/E0337 科技扶贫造福傈僳山寨|秦开福//楚雄州文史资料选辑(第十八辑)|姚家发|《楚雄州文史资料选辑》编辑委员会(内部资料),2001

01869/E0338 傈僳人的月亮|景宜//东方大峡谷|景宜|作家出版社,2001

01870/E0339 傈僳文图书|新闻出版署信息中心,等//全国总书目(1999)|新闻出版署信息中心,等|中华书局,2001

01871/E0340 傈僳族传统音乐|田联韬//中国少数民族传统音乐(下)|田联韬|中央民族大学出版社,2001

01872/E0341 傈僳族如是说|王坤红//原始之镜——怒江大峡谷笔记|王坤红|云南人民出版社,2001

01873/E0342 为了傈僳族人民的文明与进步——扎根山区办教育的回忆|马耀远//维西文史资料(第五辑)|丰文龙,等|政协云南省维西傈僳族自治县委员会文史资料委员会(内部资料),2001

01874/E0343 维西傈僳恒乍绷案|(清)觉罗琅玕//云南史料丛刊(第九卷)|方国瑜|云南大学出版社,2001

01875/E0344 维西傈僳族歌舞——阿尺目刮|林永辉//维西文史资料(第五辑)|丰文龙,等|政协云南省维西傈僳族自治县委员会文史资料委员会(内部资料),2001

01876/E0345 《维西傈僳族自治县县志》出书喜赋诗一首|李松泉//维西文史资料(第五辑)|丰文龙,等|政协云南省维西傈僳族自治县委员会文史资料委员会(内部资料),2001

01877/E0346 峡谷情牵(傈僳)|颜其香//中国少数民族风土漫记(上)|颜其香|农村读物出版社,2001

01878/E0347 一个傈僳人的诉说|合和//怒江:大山深处|合和|云南大学出版社,2001

01879/E0348 云南怒山上的傈僳人|力生//浪迹滇黔桂|施康强编|中央编译出版社,2001

01880/E0349 中国人民政治协商会议云南省维西傈僳族自治县第八届委员会名单|丰文龙,等//维西文史资料(第五辑)|丰文龙,等|政协云南省维西傈僳族自治县委员会文史资料委员会(内部资料),2001

2002 年

01881/E0350 啊,花傈僳|杨世祥//木楞房之恋|杨世祥|云南民族出版社,2002

01882/E0351 白傈荞菜节|徐治,等//云南节庆任我拍|徐治,等|云南民族出版社,2002

01883/E0352 德昌的傈僳|邓廷良//西南丝路穿越横断山|邓廷良|四川人民出版社,2002

01884/E0353 风情万种花傈僳|杨世祥//木楞房之恋|杨世祥|云南民族出版社,2002

01885/E0354 弘扬华坪傈僳族文化的先驱——蔡应福|杨世祥//木楞房之恋|杨世祥|云南民族出版社,2002

01886/E0355 花傈僳山寨|杨世祥//木楞房之恋|杨世祥|云南民族出版社,2002

01887/E0356 华傈僳语(Hwa Lisu)|游汝杰//西洋传教士汉语方言学专著书目考述|游汝杰|黑龙江教育出版社,2002

01888/E0357 阔时节话澳门回归|杨世祥//木楞房之恋|杨世祥|云南民族出版社,2002

01889/E0358 傈家姑娘|杨世祥//木楞房之恋|杨世祥|云南民族出版社,2002

01890/E0359 傈僳阔时节|徐治,等//云南节庆任我拍|徐治,等|云南民族出版社,2002

01891/E0360 傈僳人的山乡清泉|华思,等//万紫千红总是春|华思,等|华文出版社,2002

01892/E0361 傈僳四代史团结奋进篇——连续杨必传中篇《阿乌麻》历史情节|禾丽采//书香拾趣|禾丽采|中国文学艺术出版社,2002

01893/E0362 傈僳文|周有光//周有光语文论集(第 3 卷)|周有光|上海文化出版社,2002

01894/E0363 傈僳文图书|新闻出版署信息中心,等//全国总书目(2000)|新闻出版署信息中心,等|中华书局,2002

01895/E0364 傈僳音节文字|周有光//周有光语文论集(第 3 卷)|周有光|上海文化出版社,2002

01896/E0365 傈僳语(Lisu)|游汝杰//西洋传教士汉语方言学专著书目考述|游汝杰|黑龙江教育出版社,2002

01897/E0366 傈僳语词尾的-pha31、-ma44 来自"父、母"义|张惠英//汉藏系语言和汉语方言比较研究|张惠英|民族出版社,2002

01898/E0367 傈僳澡堂会|徐冶,等//云南节庆任我拍|徐冶,等|云南民族出版社,2002

01899/E0368 傈僳族认亲只问氏族不问姓|杨世祥//木楞房之恋|杨世祥|云南民族出版社,2002

01900/E0369 傈僳族最具价值的一部古诗——《创世纪》|杨世祥//木楞房之恋|杨世祥|云南民族出版社,2002

01901/E0370 神奇的傈山胜景|杨世祥//木楞房之恋|杨世祥|云南民族出版社,2002

01902/E0371 西傈僳语(Westerm Lisu)|游汝杰//西洋传教士汉语方言学专著书目考述|游汝杰|黑龙江教育出版社,2002

01903/E0372 永远的傈僳人|杨世祥//木楞房之恋|杨世祥|云南民族出版社,2002

01904/E0373 云南傈僳的"扒"和白族的 Po55|张惠英//语言与姓名文化——东亚人名地名族名探源|张惠英|中国社会科学出版社,2002

01905/E0374 云南傈僳族女子的"嫲、妈"为名的例子|张惠英//语言与姓名文化——东亚人名地名族名探源|张惠英|中国社会科学出版社,2002

2003 年

01906/E0375 赶街之傈僳妇女(二帧)|江应梁,等//滇西土司区诸族图说——关于德宏地区 20 世纪 30 年代的老照片和老故事|江应梁,等|德宏民族出版社,2003

01907/E0376 赶街之傈僳少女|江应梁,等//滇西土司区诸族图说——关于德宏地区 20 世纪 30 年代的老照片和老故事|江应梁,等|德宏民族出版社,2003

01908/E0377 惊心动魄的傈僳"刀竿节"|金旅雅途//浪漫节日|金旅雅途|中国铁道出版社,2003

01909/E0378 傈僳村寨|高宏松//西南中国|高宏松|中国大百科全书出版社,2003

01910/E0379 傈僳人的情爱|王淑珍//高原女人|王淑珍|百花文艺出版社,2003

01911/E0380 傈僳人为何采用摔跤的恋爱方式|刘长川//中国地理快读|刘长川|中国戏剧出版社,2003

01912/E0381 傈僳文|刘群//迪庆藏族自治州志(下册)|刘群|云南人民出版社,2003

01913/E0382 傈僳文图书|新闻出版署信息中心,等//全国总书目(2001)|新闻出版署信息中心,等|中华书局,2003

01914/E0383 傈僳语方言|刘群//迪庆藏族自治州志(下册)|刘群|云南人民出版社,2003

01915/E0384 傈僳族|刘群//迪庆藏族自治州志(下册)|刘群|云南人民出版社,2003

01916/E0385 傈僳族传统节日文化|刘群//迪庆藏族自治州志(下册)|刘群|云南人民出版社,2003

01917/E0386 傈僳族妇女|江应梁,等//滇西土司区诸族图说——关于德宏地区20世纪30年代的老照片和老故事|江应梁,等|德宏民族出版社,2003

01918/E0387 傈僳族妇女之二|江应梁,等//滇西土司区诸族图说——关于德宏地区20世纪30年代的老照片和老故事|江应梁,等|德宏民族出版社,2003

01919/E0388 傈僳族妇女之三|江应梁,等//滇西土司区诸族图说——关于德宏地区20世纪30年代的老照片和老故事|江应梁,等|德宏民族出版社,2003

01920/E0389 傈僳族妇女之四|江应梁,等//滇西土司区诸族图说——关于德宏地区20世纪30年代的老照片和老故事|江应梁,等|德宏民族出版社,2003

01921/E0390 傈僳族原始宗教信仰|刘群//迪庆藏族自治州志(下册)|刘群|云南人民出版社,2003

01922/E0391 龙陵街头的傈僳族男子|江应梁,等//滇西土司区诸族图说——关于德宏地区20世纪30年代的老照片和老故事|江应梁,等|德宏民族出版社,2003

01923/E0392 缅甸南坎盛装之傈僳妇女|江应梁,等//滇西土司区诸族图说——关于德宏地区20世纪30年代的老照片和老故事|江应梁,等|德宏民族出版社,2003

01924/E0393 "同心酒"之歌|王淑珍//高原女人|王淑珍|百花文艺出版社,2003

01925/E0394 维西县城保和镇|刘群//迪庆藏族自治州志(下册)|刘群|云南人民出版社,2003

01926/E0395 新傈僳文图书|新闻出版署信息中心,等//全国总书目(2001)|新闻出版署信息中心,等|中华书局,2003

01927/E0396 云南傈僳音节字|周有光//世界文字发展史|周有光|上海教育出版社,2003

01928/E0397 云南维西县的傈僳音节字|周有光//世界文字发展史|周有光|上海教育出版社,2003

01929/E0398 在街子上售卖藤篾的傈僳妇女|江应梁,等//滇西土司区诸族图说——关于德宏地区20世纪30年代的老照片和老故事|江应梁,等|德宏民族出版社,2003

01930/E0399 在芒市街子上买菜的傈僳妇女|江应梁,等//滇西土司区诸族图说——关于德宏地区20世纪30年代的老照片和老故事|江应梁,等|德宏民族出版社,2003

2004年

01931/E0400 保山傈僳族民歌|张学文//张学文音乐作品选(论文篇)|丁如兰|云南美术出版社,2004

01932/E0401 保山傈僳族音乐|张学文//张学文音乐作品选(论文篇)|丁如兰|云南美术出版社,2004

01933/E0402 不可思议的音乐节日——花傈僳的"刀竿节"|张学文//张学文音乐作品选(论文篇)|丁如兰|云南美术出版社,2004

01934/E0403 第39怪:傈僳人吃饭不用碗和筷|张楠//云南吃怪图典|张楠|云南人民出版社,2004

01935/E0404 花傈僳族的双管乐器——阿其诀列和达吐提|张学文//张学文音乐作品选(论文篇)|丁如兰|云南美术出版社,2004

01936/E0405 欢笑的傈僳边寨(达提吐独奏曲)|张学文(曲)//张学文音乐作品选(歌曲篇)|丁如兰|云南美术出版社,2004

01937/E0406 傈僳边寨美如画|张学文(词曲)//张学文音乐作品选(歌曲篇)|丁如兰|云南美术出版社,2004

01938/E0407 傈僳边寨抒情(民族器乐曲主旋律谱)|张学文(曲)//张学文音乐作品选(歌曲篇)|丁如兰|云南美术出版社,2004

01939/E0408 傈僳边寨夜歌(达提吐独奏曲)|张学文(曲)//张学文音乐作品选(歌曲篇)|丁如兰|云南美术出版社,2004

01940/E0409 傈僳姑娘赶街来|周文林等(词),张学文(曲)//张学文音乐作品选(歌曲篇)|丁如兰|云南美术出版社,2004

01941/E0410 傈僳山寨景色美|阳举文(词),张学文(曲)//张学文音乐作品选(歌曲篇)|丁如兰|云南美术出版社,2004

01942/E0411 傈僳文(新、老傈僳文,汪忍波文字)|魏忠//中国的多种民族文字与文献|魏忠|民族出版社,2004

01943/E0412 傈僳文图书|新闻出版署信息中心,等//全国总书目(2002)|新闻出版署信息中心,等|中华书局,2004

01944/E0413 傈僳文图书、报纸出版的历史、现状和发展|丰庆忠,等//云南少数民族文字图书出版的历史与现状|云南民族出版社民族文字出版中心|云南民族出版社,2004

01945/E0414 傈僳小朋友|张学文//张学文音乐作品选(歌曲篇)|丁如兰|云南美术出版社,2004

01946/E0415 傈僳族(白傈僳)音乐简述|张学文//张学文音乐作品选(论文篇)|丁如兰|云南美术出版社,2004

01947/E0416 傈僳族(花傈僳)音乐概论|张学文//张学文音乐作品选(论文篇)|丁如兰|云南美术出版社,2004

01948/E0417 “夷方音”与他留话、彝语(巍山话)、傈僳语、纳西语、白语的比较|周德才//他留话研究|周德才|云南民族出版社,2004

01949/E0418 彝区多民族杂居村落族际语言使用特点及其成因分析——以禄劝彝族苗族自治县阿自地村彝、傈僳、汉三个民族杂居村落为例|普忠良//双语学研究(第2辑)|戴庆厦|民族出版社,2004

2005 年

01950/E0419 阿傈僳的同心酒|吴丽佳(词),王瑞强(曲)//激情保山——保山歌曲大家唱|赵家华|云南教育出版社,2005

01951/E0420 刀杆节之歌|胡万才(词),李新云(曲)//激情保山——保山歌曲大家唱|赵家华|云南教育出版社,2005

01952/E0421 德宏傣族景颇族州傣、景颇、傈僳、阿昌等民族的文化、宗教及习俗|国家民委《民族问题五种丛书》编委会,等//中国民族问题资料·档案集成(第5辑)·中国少数民族社会历史调查资料丛刊(第96卷)|国家民委《民族问题五种丛书》编委会,等|中央民族大学出版社,2005

01953/E0422 花傈僳印象记|张春文//永远的香格里拉|张春文|长春出版社,2005

01954/E0423 火与傈僳人|余新//新课标阅读前沿(初中八年级)|崔首诗|吉林人民出版社,2005

01955/E0424 傈僳怒普米德昂族的传统行政管理制度|张晓松,等//云南民族地方行政制度的发展与变迁|张晓松,等|云南人民出版社,2005

01956/E0425 傈僳阿咪嘟哒哒|胡万才(词),李新云(曲)//激情保山——保山歌曲大家唱|赵家华|云南教育出版社,2005

01957/E0426 傈僳汉子|玖合生//被雨浸湿的夏日|玖合生|云南民族出版社,2005

01958/E0427 傈僳婚礼掠影|巴城//巴蜀述闻|高朴实,等|中华书局,2005

01959/E0428 傈僳人为何采用摔跤的恋爱方式|江笨湖//大师领读中国地理|江笨湖|中国戏剧出版社,2005

01960/E0429 傈僳山寨拾趣|和振华//情倾三江|和振华|云南民族出版社,2005

01961/E0430 傈僳文与傈僳族古籍|谢沫华,等//人类的记忆——云南民族古籍文化遗产|谢沫华,等|云南美术出版社,2005

01962/E0431 傈僳语|中国社会科学院语言研究所//中国语言学论文索引(1981—1990)(上册)|中国社会科学院语言研究所|商务印书馆,2005

01963/E0432 傈僳语简志|国家民委《民族问题五种丛书》编委会//中国民族问题资料·档案汇编(第3辑)·中国少数民族语言简志丛书(第22卷)|国家民委《民族问题五种丛书》编委会|中央民族大学出版社,2005

01964/E0433 傈僳族的"三杯酒"|和振华//情倾三江|和振华|云南民族出版社,2005

01965/E0434 傈僳族的收获节|和振华//情倾三江|和振华|云南民族出版社,2005

01966/E0435 傈僳族经籍插图|谢沫华,等//人类的记忆——云南民族古籍文化遗产|谢沫华,等|云南美术出版社,2005

01967/E0436 傈僳族人之起源的神话|高舜礼//怒江印象|高舜礼|中国旅游出版社,2005

01968/E0437 傈寨恋歌|玖合生//被雨浸湿的夏日|玖合生|云南民族出版社,2005

01969/E0438 请喝傈僳三杯酒|马天菊(词),王健(曲)//激情保山——保山歌曲大家唱|赵家华|云南教育出版社,2005

01970/E0439 在歌舞中寻找乐土的傈僳人|和振华//情倾三江|和振华|云南民族出版社,2005

01971/E0440 在傈僳山寨的日子里|和振华//情倾三江|和振华|云南民族出版社,2005

01972/E0441 在傈僳族山寨过年|和振华//情倾三江|和振华|云南民族出版社,2005

01973/E0442 做客傈僳寨|王嘉相//云岭拾穗|李群杰,等|中华书局,2005

2006 年

01974/E0443 滇西抗战中的傈僳打法——记战绩显赫的龙陵傈僳族游击大队|耿德铭//滇西抗战史证|耿德铭|云南人民出版社,2006

01975/E0444 多声部声乐殿堂——泸水|赵文胜//牵手怒江|赵文胜|云南民族出版社,2006

01976/E0445 狠抓制度建设树立税务新形象——迪庆藏族自治州维西傈僳族自治县工商行政管理局|蔡春生,等//文明彩云南|蔡春生,等|云南民族出版社,2006

01977/E0446 祭牛山麓访傈僳|张方玉//神奇彝山|张方玉|云南民族出版社,2006

01978/E0447 牢记宗旨创佳绩勤政为民守边疆——怒江傈僳族自治州福贡县公安局|蔡春生,等//文明彩云南|蔡春生,等|云南民族出版社,2006

01979/E0448 老傈僳文|阮凤斌//三江并流腹地的精神家园——维西文化遗产概览|阮凤斌|云南人民出版社,2006

01980/E0449 傈僳、怒、独龙、德昂等民族的职官制度|张晓松//中国少数民族职官制度|张晓松|中国社会科学出版社,2006

01981/E0450 傈僳的油茶|肖思强//阳光生态攀枝花|卢宗祥|《阳光生态攀枝花》编辑委员会(内部资料),2006

01982/E0451 傈僳跺脚舞|张朝曲//21 世纪中国儿童钢琴优秀作品选集(续)|王歆宇|上海音乐出版社,2006

01983/E0452 傈僳歌声地久天长|云南日报记者部//三江并流流向世界|云南日报记者部|云南民族出版社,2006

01984/E0453 傈僳人爬刀竿|陈业新//鱼龙百戏——长江流域的游艺与竞技|陈业新|武汉出版社,2006

01985/E0454 傈僳三弦|李乡状//三弦演奏与指导|李乡状|吉林音像出版社,2006

01986/E0455 傈僳新词俗语发展漫谈|李教昌//汉藏语言研究——第三十四届国际汉藏语言暨语言学会议论文集|赵嘉文,等|民族出版社,2006

01987/E0456 傈僳语的声调|罗安源//中国语言声调概览|罗安源|民族出版社,2006

01988/E0457 傈僳族服饰|阮凤斌//三江并流腹地的精神家园——维西文化遗产概览|阮凤斌|云南人民出版社,2006

01989/E0458 傈僳族教育发展论|熊泰河//民族教育改革与发展论文集|熊泰河|云南民族出版社,2006

01990/E0459 傈僳族民居|阮凤斌//三江并流腹地的精神家园——维西文化遗产概览|阮凤斌|云南人民出版社,2006

01991/E0460 傈僳族人为何将房屋建在陡峭的高山之上?|陶犁//民族民俗风情赏析|陶犁|旅游教育出版社,2006

01992/E0461 傈僳族为何有"黑傈僳""白傈僳""花傈僳"等不同称呼?|陶犁//民族民俗风情赏析|陶犁|旅游教育出版社,2006

01993/E0462 傈僳族先天八卦图|阮凤斌//三江并流腹地的精神家园——维西文化遗产概览|阮凤斌|云南人民出版社,2006

01994/E0463 傈僳族音节文字|阮凤斌//三江并流腹地的精神家园——维西文化遗产概览|阮凤斌|云南人民出版社,2006

01995/E0464 傈僳族原生态音乐|张兴荣//云南原生态民族音乐|张兴荣|中央音乐学院出版社,2006

01996/E0465 傈僳族自然历|阮凤斌//三江并流腹地的精神家园——维西文化遗产概览|阮凤斌|云南人民出版社,2006

01997/E0466 毛主席活在傈僳心窝里(傈僳族)|李耀宗//李下斋文选·创作卷|李耀宗|民族出版社,2006

01998/E0467 民族风情:傈僳族|和丽萍//雪域秘境——香格里拉|和丽萍|云南人民出版社,2006

01999/E0468 民族节日:阔时节|和丽萍//雪域秘境——香格里拉|和丽萍|云南人民出版社,2006

02000/E0469 普州同庆的傈僳阔时节|赵文胜//牵手怒江|赵文胜|云南民族出版社,2006

02001/E0470 神秘的新山傈僳族部落|文彩//阳光生态攀枝花|卢宗祥|《阳光生态攀枝花》编辑委员会(内部资料),2006

02002/E0471 同心酒|赵文胜//牵手怒江|赵文胜|云南民族出版社,2006

02003/E0472 同心酒之乡——福贡|赵文胜//牵手怒江|赵文胜|云南民族出版社,2006

02004/E0473 为何将傈僳族的刀竿节称为"最危险的少数民族节目"?|陶犁//民族民俗风情赏析|陶犁|旅游教育出版社,2006

02005/E0474 文明之花盛开在傈僳山寨——泸水县鲁掌镇子克村|蔡春生,等//文明彩云南|蔡春生,等|云南民族出版社,2006

02006/E0475 峡谷银苑创文明佳绩——中国人民银行傈僳族自治州中心支行|蔡春生,等//文明彩云南|蔡春生,等|云南民族出版社,2006

02007/E0476 新傈僳文|阮凤斌//三江并流腹地的精神家园——维西文化遗产概览|阮凤斌|云南人民出版社,2006

02008/E0477 走贡茶访傈僳|张方玉,等//彝风管窥|张方玉,等|云南民族出版社,2006

2007 年

02009/E0478 槟榔江畔的傈僳女|段应宗,等//极边诗情——腾冲颂歌集萃|中共腾冲县委宣传部,等|云南民族出版社,2007

02010/E0479 多姿多彩的怒江傈僳族服饰|胡玉来//口承文学与民间信仰——首届怒江大峡谷民族文化暨第三届中日民俗文化国际学术研讨会论文集|任兆胜,等|云南大学出版社,2007

02011/E0480 封闭与多元传统与嬗变——唐代以来傈僳族的迁徙及其传统文化的嬗变|高志英//口承文学与民间信仰——首届怒江大峡谷民族文化暨第三届中日民俗文化国际学术研讨会论文集|任兆胜,等|云南大学出版社,2007

02012/E0481 福贡傈僳族、怒族社会的初期家长奴隶制|李道生//神秘怒江大峡谷历史文化丛书·原始之痕|李道生|云南教育出版社,2007

02013/E0482 关于傈僳族起源神话的研究|(日)西协隆夫//口承文学与民间信仰——首届怒江大峡谷民族文化暨第三届中日民俗文化国际学术研讨会论文集|任兆胜,等|云南大学出版社,2007

02014/E0483 虎伏羲部落的遗裔——彝、白、藏、羌、纳西、傈僳、哈尼、土家各族|刘尧汉//彝族文化放言|刘尧汉|湖北教育出版社,2007

02015/E0484 花傈僳民间音乐舞蹈及其文化走向|冯文俊//丽江民族研究(第一辑)|张波|云南民族出版社,2007

02016/E0485 跨世纪发展中的傈僳族妇女——福贡县上帕镇傈僳族妇女调查|李道生//神秘怒江大峡谷历史文化丛书·怒江调研|李道生|云南教育出版社,2007

02017/E0486 勒墨托扒的故事|李道生//神秘怒江大峡谷历史文化丛书·峡谷传人|李道生|云南教育出版社,2007

02018/E0487 傈僳欢歌|杨丽华//幼儿新歌·汉英双语歌曲集|杨丽华|云南大学出版社,2007

02019/E0488 傈僳欢歌|杨丽华//幼儿新歌·音乐教育活动设计|杨丽华|云南大学出版社,2007

02020/E0489 傈僳酒歌|李光信(词),张晓平(曲)//极边诗情——腾冲颂歌集萃|中共腾冲县委宣传部,等|云南民族出版社,2007

02021/E0490 傈僳弩弓和"花腊夏"|普利颜,等//阿娜带您游怒江|普利颜,等|中国民族摄影艺术出版社,2007

02022/E0491 傈僳女|冯茂辉//第二届全国漆画作品展作品集|中国美术家协会漆画艺委会|岭南美术出版社,2007

02023/E0492 傈僳人家同心酒|李道生//神奇怒江大峡谷旅游文化丛书·怒江纪行|李道生|云南教育出版社,2007

02024/E0493 傈僳山寨的扎市扎|杨宝琼//盲鱼看不见爱情|杨宝琼|云南人民出版社,2007

02025/E0494 傈僳少女们的歌|李道生//神奇怒江大峡谷旅游文化丛书·怒江纪行|李道生|云南教育出版社,2007

02026/E0495 傈僳语|汪洪//语种语系卷|汪洪|中国戏剧出版社,2007

02027/E0496 傈僳语|孙宏开,等//中国的语言|孙宏开,等|商务印书馆,2007

02028/E0497 傈僳族|普利颜,等//阿娜带您游怒江|普利颜,等|中国民族摄影艺术出版社,2007

02029/E0498 傈僳族(花傈僳)服饰制作工艺|临沧市文化局//临沧市非物质文化遗产保护名录|临沧市文化局|云南人民出版社,2007

02030/E0499 傈僳族《嫁女调》|罗世保//神奇怒江大峡谷旅游文化丛书·歌舞海洋|罗世保|云南教育出版社,2007

02031/E0500 傈僳族摆时闹春城|罗世保//神奇怒江大峡谷旅游文化丛书·歌舞海洋|罗世保|云南教育出版社,2007

02032/E0501 傈僳族打歌|临沧市文化局//临沧市非物质文化遗产保护名录|临沧市文化局|云南人民出版社,2007

02033/E0502 傈僳族的"盍什"节|李永顺//中国年节|李永顺|云南大学出版社,2007

02034/E0503 傈僳族的"阔时节""刀杆节""收获节"|普利颜,等//阿娜带您游怒江|普利颜,等|中国民族摄影艺术出版社,2007

02035/E0504 傈僳族的非物质文化遗产|林庆//民族记忆的背影——云南少数民族非物质文化遗产研究|林庆|云南大学出版社,2007

02036/E0505 傈僳族的姓氏和命名方式的文化含义初探|木玉璋//口承文学与民间信仰——首届怒江大峡谷民族文化暨第三届中日民俗文化国际学术研讨会论文集|任兆胜,等|云南大学出版社,2007

02037/E0506 傈僳族服饰|普利颜,等//阿娜带您游怒江|普利颜,等|中国民族摄影艺术出版社,2007

02038/E0507 傈僳族农民合唱团歌震京城|李道生//神奇怒江大峡谷旅游文化丛书·怒江纪行|李道生|云南教育出版社,2007

02039/E0508 傈僳族氏族起源和图腾崇拜习俗|史富相//口承文学与民间信仰——首届怒江大峡谷民族文化暨第三届中日民俗文化国际学术研讨会论文集|任兆胜,等|云南大学出版社,2007

02040/E0509 傈僳族逃婚调赏析与《古事记》|(日)远藤耕太郎//口承文学与民间信仰——首届怒江大峡谷民族文化暨第三届中日民俗文化国际学术研讨会论文集|任兆胜,等|云南大学出版社,2007

02041/E0510 傈僳族竹签卦的文化内涵及周易文化的比较|和永祥//口承文学与民间信仰——首届怒江大峡谷民族文化暨第三届中日民俗文化国际学术研讨会论文集|任兆胜,等|云南大学出版社,2007

02042/E0511 弄更扒起义|李道生//神秘怒江大峡谷历史文化丛书·峡谷传人|李道生|云南教育出版社,2007

02043/E0512 怒江傈僳族原始宗教探析|李福珊//口承文学与民间信仰——首届怒江大峡谷民族文化暨第三届中日民俗文化国际学术研讨会论文集|任兆胜,等|云南大学出版社,2007

02044/E0513 奇迹在这里发生——庆祝怒江傈僳族自治州成立 50 周年|李道生//怒江调研|李道生|云南教育出版社,2007

02045/E0514 如画的傈僳,如歌的丽江|赵金//奥运之春——中国民族歌曲选萃|中国音乐家协会歌曲编辑部|中国广播电视出版社,2007

02046/E0515 试析怒江傈僳族、怒族、勒墨人等族群的图腾崇拜|罗世保,等//口承文学与

民间信仰——首届怒江大峡谷民族文化暨第三届中日民俗文化国际学术研讨会论文集|任兆胜,等|云南大学出版社,2007

02047/E0516 霜耐冬起义|李道生//神秘怒江大峡谷历史文化丛书·峡谷传人|李道生|云南教育出版社,2007

02048/E0517 谈论“摆时文化”及其保护开发|李树林//口承文学与民间信仰——首届怒江大峡谷民族文化暨第三届中日民俗文化国际学术研讨会论文集|任兆胜,等|云南大学出版社,2007

02049/E0518 维西傈僳族自治县|吴成虎//维西汉语方言词典|吴成虎|上海辞书出版社,2007

02050/E0519 现代仓颉汪忍波——一人独创的傈僳竹书|王元鹿,等//中国文字家族|王元鹿|大象出版社,2007

02051/E0520 云南怒江傈僳族祭歌中的宗教信仰——兼论傈僳族生活习俗|张泽洪//口承文学与民间信仰——首届怒江大峡谷民族文化暨第三届中日民俗文化国际学术研讨会论文集|任兆胜,等|云南大学出版社,2007

02052/E0521 云南怒山上的傈僳人|力生//风月滇川|吉尔·印象图文工作室|重庆出版社,2007

02053/E0522 中国云南省怒江流域的创世神话——与汉族相比较讲述自己不足的怒族、独龙族、傈僳族神话|(日)冈布隆志//口承文学与民间信仰——首届怒江大峡谷民族文化暨第三届中日民俗文化国际学术研讨会论文集|任兆胜,等|云南大学出版社,2007

02054/E0523 宗教与少数民族妇女——以傈僳族妇女为例|杨国才//口承文学与民间信仰——首届怒江大峡谷民族文化暨第三届中日民俗文化国际学术研讨会论文集|任兆胜,等|云南大学出版社,2007

2008 年

02055/E0524 登梗傈僳人的澡堂会|朱净宇//正在消逝的云南奇景|朱净宇|中国水利水电出版社,2008

02056/E0525 改良型模式——傈僳、拉祜、佤等民族使用的简谱谱式|杨民康//本土化与现代性:云南少数民族基督教仪式音乐研究|杨民康|宗教文化出版社,2008

02057/E0526 敢于弄潮的傈僳人|王承旺//行者无疆——生活报记者踏访五十六个民族|王承旺|黑龙江人民出版社,2008

02058/E0527 傈僳村寨|藏羚羊旅行丛书//自助游中国|藏羚羊旅行丛书|中国大百科全书出版社,2008

02059/E0528 傈僳人|玖合生//故土|玖合生|云南民族出版社,2008

02060/E0529 傈僳舞蹈“斑鸠捡吃荞子”|中共云龙县委,等//云龙风物志|中共云龙县委,等|德宏民族出版社,2008

02061/E0530 傈僳族|张金康//邮票上的七彩云南|张金康|云南人民出版社,2008

02062/E0531 傈僳族|中共云龙县委，等//云龙风物志|中共云龙县委，等|德宏民族出版社，2008

02063/E0532 傈僳族民间故事|普学旺，等//云南民族口传非物质文化遗产总目提要·民间故事卷(下卷)|普学旺，等|云南教育出版社，2008

02064/E0533 傈僳族文化|林军，等//巴蜀文化|林军，等|时事出版社，2008

02065/E0534 傈僳族学生的英语习得|李强//母语文化背景下少数民族学生英语习得研究|李强|云南民族出版社，2008

02066/E0535 苗、彝、傈僳等民族的“波拉德”字母谱体系|杨民康//本土化与现代性：云南少数民族基督教仪式音乐研究|杨民康|宗教文化出版社，2008

02067/E0536 怒江地区傈僳族基督教仪式音乐文化|杨民康//本土化与现代性：云南少数民族基督教仪式音乐研究|杨民康|宗教文化出版社，2008

02068/E0537 怒江傈僳酒歌|熊泰河//吾山吾水|熊泰河|云南民族出版社，2008

02069/E0538 吾山吾水(傈僳文)|熊泰河//吾山吾水|熊泰河|云南民族出版社，2008

2009 年

02070/E0539 保山县潞江坝胡家寨傈僳族社会历史情况调查|《中国少数民族社会历史调查资料丛刊》修订编辑委员会，等//云南少数民族社会历史调查资料汇编(二)|《中国少数民族社会历史调查资料丛刊》修订编辑委员会，等|民族出版社，2009

02071/E0540 碧江县五区色得乡傈僳族社会调查|《中国少数民族社会历史调查资料丛刊》修订编辑委员会，等//云南少数民族社会历史调查资料汇编(二)|《中国少数民族社会历史调查资料丛刊》修订编辑委员会，等|民族出版社，2009

02072/E0541 翻犁春天(外二章)|密英文//新中国成立 60 周年少数民族文学作品选·散文卷(1)|中国作家协会|作家出版社，2009

02073/E0542 火与傈僳人|余新//新中国成立 60 周年少数民族文学作品选·散文卷(2)|中国作家协会|作家出版社，2009

02074/E0543 借得外资加力杠傈僳出山住新房——记香港乐施会援助赛林灾后重建项目|何世相//外资项目花鲜艳　扶贫开发果甘甜——“改革开放进程中的外资扶贫”有奖征文活动获奖作品集|欧青平，等|中国农业科学技术出版社，2009

02075/E0544 傈僳|李土生//土生说字(第 17 卷)|李土生|中央文献出版社，2009

02076/E0545 傈僳|汤松波//东方星座|汤松波|广西人民出版社，2009

02077/E0546 傈僳村寨|藏羚羊自助游工作室//云南精华景点游|藏羚羊自助游工作室|中国铁道出版社，2009

02078/E0547 傈僳村寨|上海唐码城邦咨询有限公司北京分公司//云南自助游|上海唐码城邦咨询有限公司北京分公司|人民邮电出版社，2009

02079/E0548 傈僳姑娘|谭明发//米易风|李平|大众文艺出版社，2009

02080/E0549 傈僳山寨拥戴的景颇族老师——记盈江县盏西镇河边小学雷云华老师|云南省教育基金会//播种“希望”的人们|云南省教育基金会|云南教育出版社，2009

02081/E0550 傈僳语简志|《中国少数民族语言简志》编委会，等//中国少数民族语言简志丛书(修订本·卷贰)|《中国少数民族语言简志丛书》修订本编委会，等|民族出版社，2009

02082/E0551 傈僳族|尤中//尤中文集·中国西南民族史 中国西南民族地区沿革史(先秦至汉晋时期)|尤中|云南大学出版社，2009

02083/E0552 傈僳族|《中国少数民族社会历史调查资料丛刊》修订编辑委员会，等//云南方志民族民俗资料琐编|《中国少数民族社会历史调查资料丛刊》修订编辑委员会，等|民族出版社，2009

02084/E0553 傈僳族文化多样的保护与发展|张桥贵，等//滇西北生物、文化多样性保护与经济社会可持续协调发展研究(第1卷)|段森华，等|云南科技出版社，2009

02085/E0554 龙陵县黄连河乡傈僳族经济情况调查|《中国少数民族社会历史调查资料丛刊》修订编辑委员会，等//云南少数民族社会历史调查资料汇编(二)|《中国少数民族社会历史调查资料丛刊》修订编辑委员会，等|民族出版社，2009

02086/E0555 潞西县杨家场寨傈僳族经济情况调查|《中国少数民族社会历史调查资料丛刊》修订编辑委员会，等//云南少数民族社会历史调查资料汇编(二)|《中国少数民族社会历史调查资料丛刊》修订编辑委员会，等|民族出版社，2009

02087/E0556 怒江报傈僳文版宣传形式的创新|熊润春//实践与思考——云南省创新宣传形式研讨会论文集|吴贵荣|云南民族出版社，2009

02088/E0557 腾冲县古永区蔡家寨傈僳族社会历史情况调查|《中国少数民族社会历史调查资料丛刊》修订编辑委员会，等//云南少数民族社会历史调查资料汇编(二)|《中国少数民族社会历史调查资料丛刊》修订编辑委员会，等|民族出版社，2009

02089/E0558 维西、永北等地傈僳族的反抗|尤中//尤中文集·中国西南民族史 中国西南民族地区沿革史(先秦至汉晋时期)|尤中|云南大学出版社，2009

02090/E0559 维西县三区齐乐乡傈僳族经济调查|《中国少数民族社会历史调查资料丛刊》修订编辑委员会，等//云南少数民族社会历史调查资料汇编(二)|《中国少数民族社会历史调查资料丛刊》修订编辑委员会，等|民族出版社，2009

02091/E0560 酗酒的傈僳部族|罗常培//语言与文化(注释本)|罗常培|北京大学出版社，2009

02092/E0561 彝、布依、侗、瑶、白、黎、傈僳、蕃诸民族|杨荣良，等//南京民族宗教志|杨荣良，等|南京出版社，2009

02093/E0562 盈江县苏典傈僳族调查报告|《中国少数民族社会历史调查资料丛刊》修订编辑委员会，等//云南少数民族社会历史调查资料汇编(二)|《中国少数民族社会历史调查资料丛刊》修订编辑委员会，等|民族出版社，2009

02094/E0563 永胜县松坪乡傈僳族社会调查|《中国少数民族社会历史调查资料丛刊》修订编辑委员会，等//云南少数民族社会历史调查资料汇编(二)|《中国少数民族社会历史调查资料丛刊》修订编辑委员会，等|民族出版社，2009

2010 年

02095/E0564 阿尺木刮|李贵明//我的滇西——李贵明诗歌集|李贵明|云南科技出版社,2010

02096/E0565 白傈僳、花傈僳的“汉化”、“基督教化”趋势|高志英//藏彝走廊西部边缘民族关系与民族文化变迁研究|高志英|民族出版社,2010

02097/E0566 赤脚上“刀山”的傈僳族|春之霖,等//千奇百怪大全集|春之霖,等|中国华侨出版社,2010

02098/E0567 创建傈僳学的若干理论问题|鲁建彪//民族社会学研究|鲁建彪|中国社会科学出版社,2010

02099/E0568 动物傈僳文名称索引|周元川,等//怒江流域民族医药|周元川,等|云南科技出版社,2010

02100/E0569 丰富多彩的通达花傈僳民间艺术|周帮友//中国民间文化艺术之乡建设与发展初探|文化部艺术服务中心|中国民族摄影艺术出版社,2010

02101/E0570 哈尼基诺拉祜怒傈僳独龙景颇阿昌族史研究|刘云柏//中国民族史研究60年|刘云柏|中央民族大学出版社,2010

02102/E0571 黑傈僳与纳西族的及其文化变迁|高志英//藏彝走廊西部边缘民族关系与民族文化变迁研究|高志英|民族出版社,2010

02103/E0572 华坪华傈僳“nia”姓的来历|沙蠡//中国民间故事全书云南·华坪卷|沙蠡|知识产权出版社,2010

02104/E0573 火与傈僳人|余新//品味万物皆文章|张强|吉林人民出版社,2010

02105/E0574 拉祜语四音格词与傈僳语四音格词的比较|刘劲荣//拉祜语四音格词研究|刘劲荣|民族出版社,2010

02106/E0575 栗粟、怒子之“能事者”对藏彝走廊西部边缘北段各族的统治|高志英//藏彝走廊西部边缘民族关系与民族文化变迁研究|高志英|民族出版社,2010

02107/E0576 栗粟头人与木氏土司分割藏彝走廊西部边缘管辖权|高志英//藏彝走廊西部边缘民族关系与民族文化变迁研究|高志英|民族出版社,2010

02108/E0577 栗粟西迁澜沧江、怒江流域及其内部分化|高志英//藏彝走廊西部边缘民族关系与民族文化变迁研究|高志英|民族出版社,2010

02109/E0578 栗粟与藏彝走廊西部边缘诸族的关系|高志英//藏彝走廊西部边缘民族关系与民族文化变迁研究|高志英|民族出版社,2010

02110/E0579 傈僳歌舞|刘胜利//仰望米易|刘胜利|华文出版社,2010

02111/E0580 傈僳汉子|刘胜利//仰望米易|刘胜利|华文出版社,2010

02112/E0581 傈僳先祖|刘胜利//仰望米易|刘胜利|华文出版社,2010

02113/E0582 傈僳英雄汉|李光星//马帮西行记|李光星|石油工业出版社,2010

02114/E0583 傈僳族、怒族、独龙族、勒墨人研究概述|高志英//藏彝走廊西部边缘民族关系与民族文化变迁研究|高志英|民族出版社,2010

02115/E0584 傈僳族、怒族、独龙族的“基督教化”趋势|高志英//藏彝走廊西部边缘民族关系与民族文化变迁研究|高志英|民族出版社,2010

02116/E0585 傈僳族的迁徙与分布格局的变化|高志英//藏彝走廊西部边缘民族关系与民族文化变迁研究|高志英|民族出版社,2010

02117/E0586 傈僳族古代管理思想|刘云柏//中国管理思想通史(第一卷)|刘云柏|上海人民出版社,2010

02118/E0587 傈僳族社区经济发展及其农业产业结构调整|鲁建彪//民族社会学研究|鲁建彪|中国社会科学出版社,2010

02119/E0588 傈僳族特色医药诊疗方法|周元川,等//怒江流域民族医药|周元川,等|云南科技出版社,2010

02120/E0589 傈僳族预言|李贵明//我的滇西——李贵明诗歌集|李贵明|云南科技出版社,2010

02121/E0590 傈僳族重朋友的由来|沙蠡//中国民间故事全书·云南·华坪卷|沙蠡|知识产权出版社,2010

02122/E0591 浅谈泸水县傈僳族习俗“澡堂赛歌会”的传承及社会价值|朝群芬//中国民间文化艺术之乡建设与发展初探|文化部艺术服务中心|中国民族摄影艺术出版社,2010

02123/E0592 施蛮、顺蛮、栗粟两姓蛮、长裈蛮的迁徙与分布|高志英//藏彝走廊西部边缘民族关系与民族文化变迁研究|高志英|民族出版社,2010

02124/E0593 维西恒乍绷起义与栗粟西迁|高志英//藏彝走廊西部边缘民族关系与民族文化变迁研究|高志英|民族出版社,2010

02125/E0594 玉米的种植及对彝、傈僳等山地民族的影响|秦和平//明清以来云贵高原的环境与社会|杨伟兵|东方出版中心,2010

02126/E0595 藏彝走廊西部边缘各族的“傈僳化”趋势|高志英//藏彝走廊西部边缘民族关系与民族文化变迁研究|高志英|民族出版社,2010

02127/E0596 植物傈僳文名称索引|周元川,等//怒江流域民族医药|周元川,等|云南科技出版社,2010

2011 年

02128/E0597 滇西北藏、纳西、白、傈僳等族先民的封建领主制|何耀华,等//云南通史·元明 前清时期(公元 1254—1840 年)|何耀华,等|中国社会科学出版社,2011

02129/E0598 “活菩萨”——记婆破除迷信的傈僳族青年胡国民|子涛//丽江物语|子涛|民族出版社,2011

02130/E0599 傈僳欢歌(傈僳族歌曲)|沈洁等(词),高潮(曲)//中国五十六个民族声乐教材·女高声部(上)|李小峰|中央民族大学出版社,2011

02131/E0600 傈僳欢歌(傈僳族歌曲)|沈洁等(词),高潮(曲)//中国五十六个民族声乐教材·女高声部(下)|李小峰|中央民族大学出版社,2011

02132/E0601 傈僳人的好"吗扒"|子涛//丽江物语|子涛|民族出版社,2011

02133/E0602 傈僳人家:彩云之南的赞美诗|万黄婷//古城往事|唐建光|金城出版社,2011

02134/E0603 傈僳学创建与傈僳族发展|张健//人类、发展与文化多样性——国际人类学与民族学联合会第十六届大会专题会议综述|黄忠彩|知识产权出版社,2011

02135/E0604 傈僳族的桑拿浴|子涛//丽江物语|子涛|民族出版社,2011

02136/E0605 盛满深情的货篮——记傈僳族共产党员九云富|子涛//丽江物语|子涛|民族出版社,2011

02137/E0606 彝、纳西、哈尼、傈僳、怒等民族以及夏朝崇尚黑色|普学旺//中国黑白崇拜文化——生殖崇拜文化的深层结构探索|普学旺|云南人民出版社,2011

02138/E0607 云南傈僳音节字|周有光//世界文字发展史(第三版)|周有光|上海教育出版社,2011

02139/E0608 云南维西县的傈僳音节字|周有光//世界文字发展史(第三版)|周有光|上海教育出版社,2011

2012 年

02140/E0609 碧罗雪山之傈僳族|陶云逵//陶云逵民族研究文集|陶云逵|民族出版社,2012

02141/E0610 从巫师传承机制看傈僳族文化的地域差异性——基于对泸水与腾冲傈僳族上刀山下火海巫师的调查|高志英,等//西南边疆民族研究(第10辑)|何明,等|云南大学出版社,2012

02142/E0611 栗粟|邓章应,等//《维西见闻纪》研究|邓章应,等|四川大学出版社,2012

02143/E0612 傈僳姑娘|亲勤//俗定|亲勤|大众文艺出版社,2012

02144/E0613 傈僳文|张铁山//中国少数民族文献学基础教程|张铁山|中央民族大学出版社,2012

02145/E0614 云南怒山上的傈僳人|陶云逵//陶云逵民族研究文集|陶云逵|民族出版社,2012

2013 年

02146/E0615 白族、纳西族、傈僳族、党项族等羌系民族的天文历法|陈久金//中国少数民族天文学史|陈久金|中国科学技术出版社,2013

02147/E0616 傈僳村寨|行者无疆工作室//云南·丽江玩全攻略|行者无疆工作室|清华大学出版社,2013

02148/E0617 傈僳语言文字研究|朝克,等//中国民族语言文字研究史论·南方卷(上)|朝克,等|中国社会科学出版社,2013

02149/E0618 傈僳语言文字研究论著索引|朝克,等//中国民族语言文字研究史论·索引卷|朝克,等|中国社会科学出版社,2013

02150/E0619　云南维西县的傈僳音节字|周有光//周有光文集·世界文字发展史|周有光|中央编译出版社,2013

2014 年

02151/E0620　傈僳族舞蹈|《中华舞蹈志》编辑委员会//中华舞蹈志·云南卷(下册)|《中华舞蹈志》编辑委员会|学林出版社,2014

02152/E0621　人物传记:傈僳族|《中华舞蹈志》编辑委员会//中华舞蹈志·云南卷(下册)|《中华舞蹈志》编辑委员会|学林出版社,2014

02153/E0622　云南傈僳族调查报告|张正东//张正东文集|张正东(著),石开忠(编)|群言出版社,2014

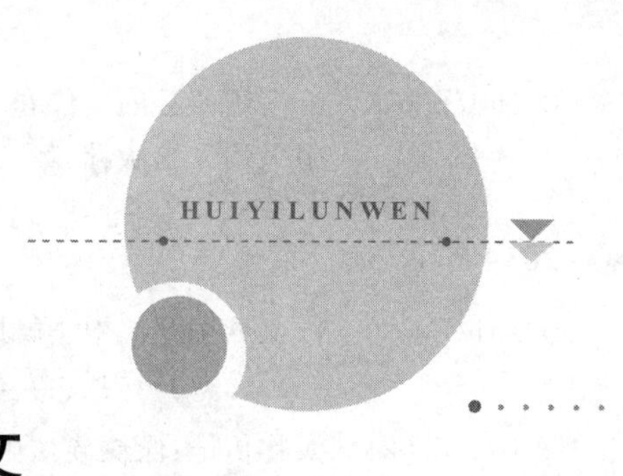

F 会议论文

1983 年

02154/F0001　怒族、傈僳族是否经历过氏族制？|时佑平//民族学研究(第五辑)|中国民族学学会|中国青海西宁,1983

1991 年

02155/F0002　傈僳族音节文字及其文献|木玉璋//中国民族古文字研究(第三辑)|中国民族古文字研究会|中国北京,1991

1996 年

02156/F0003　云南纳西、普米、怒和傈僳族四个少数民族B因子多态性检测|丁明,等//'96全国优生科学大会大会学术讲演与大会论文摘要汇编|中国优生科学协会|中国北京,1996

02157/F0004　云南特有普米、傈僳、怒和纳西族四个少数民族补体C_4多态性的检测|焦云萍,等//'96全国优生科学大会大会学术讲演与大会论文摘要汇编|中国优生科学协会|中国北京,1996

2005 年

02158/F0005　健康教育对傈僳族学龄儿童营养状况的改善|赵春,等//首届中国西部营养与健康、亚健康学术会议论文集|重庆市营养学会,等|中国重庆,2005

2006 年

02159/F0006　对云南省怒江傈僳族自治州人民医院全血输血及成分输血不良反应的调查|冯祖桢//第四届全国临床检验学术会议论文汇编|中华医学会检验分会|中国湖北武汉,2006

02160/F0007　傈僳文图书、报纸出版的历史、现状及其发展|丰庆忠,等//第二届中国云南濒危语言遗产保护研讨会论文集|玉溪师范学院,等|中国云南玉溪,2006

02161/F0008 浅淡傈僳族语言文字的创立和使用价值|胡玉来//第二届中国云南濒危语言遗产保护研讨会论文集|玉溪师范学院,等|中国云南玉溪,2006

2009 年

02162/F0009 布朗族、傈僳族学生的颜色偏好及其对汉语阅读的影响|朱红,等//第十二届全国心理学学术大会论文摘要集|中国心理学会|中国山东济南,2009

02163/F0010 傈僳学创建与傈僳族发展|鲁建彪//国际人类学与民族学联合会第十六届大会论文摘要第四分册|国际人类学与民族学联合会(IUAES)|中国云南昆明,2009

2010 年

02164/F0011 丰富多彩的通达花傈僳民间艺术|周帮友//中国民间文化艺术之乡建设与发展初探|北京社图文化发展有限公司|中国北京,2010

02165/F0012 汉族、傈僳族和侗族 Knops 血型系统基因多态性筛查|李勤,等//中国输血协会第五届输血大会论文专集(摘要篇)|中国输血协会,等|中国四川成都,2010

02166/F0013 基督教与民族社会文化变迁——云南福贡傈僳族、怒族基督教发展态势调查研究|高志英,等//全球化背景下的云南文化多样性|大家文学杂志社|中国云南昆明,2010

02167/F0014 傈僳语同彝缅语体、态范畴比较研究|付洁//中国民族语言学会第 10 届学术讨论会摘要集|中国民族语言学会,等|中国宁夏银川,2010

02168/F0015 傈僳竹书仿拟机制试析|刘红妤//2010 年重庆市语言学研究生学术论坛论文集|西南大学汉语言文献研究所|中国重庆,2010

02169/F0016 浅谈泸水县傈僳族习俗"澡塘赛歌会"的传承及社会价值|胡群芬//中国民间文化艺术之乡建设与发展初探|北京社图文化发展有限公司|中国北京,2010

02170/F0017 云南传统民居生态演绎策略——以丽江黎明乡黎光村委会河下组傈僳族民居改造为例|姜树新,等//2010 年建筑环境科学与技术国际学术会议论文集|中国建筑学会建筑物理分会,等|中国江苏南京,2010

2011 年

02171/F0018 傈僳族艺术形态:基督教的渗透与佛教的融入|刘雯婷//民族文化与文化创意产业研究论丛(第二辑)|大家文学杂志社|中国云南昆明,2011

02172/F0019 腾冲傈僳族文化特质和腾冲旅游文化发展亮点|朱旋旋//民族文化与文化创意产业研究论丛(第二辑)|大家文学杂志社|中国云南昆明,2011

02173/F0020 中国傈僳族和怒族群体 HLA Ⅰ类区域 Alu 插入多态性研究|董兆梅,等//2011 年中国遗传学会大会论文摘要汇编|中国遗传学会,等|中国新疆乌鲁木齐,2011

2012 年

02174/F0021 技术与传统:全球化语境中怒江傈僳族民歌传承的变化|罗梅//第四届中国少数民族地区信息传播与社会发展论丛|中国人民大学新闻学院,等|中国广西南宁,2012

02175/F0022 怒江傈僳族怒族自治州的贫困特征、成因及脱贫策略|洪辉,等//中国地理学会2012年学术年会学术论文摘要集|中国地理学会,等|中国河南省开封,2012

第二部分

索　　引

- 责任者索引
- 期 刊 索 引
- 出版者索引

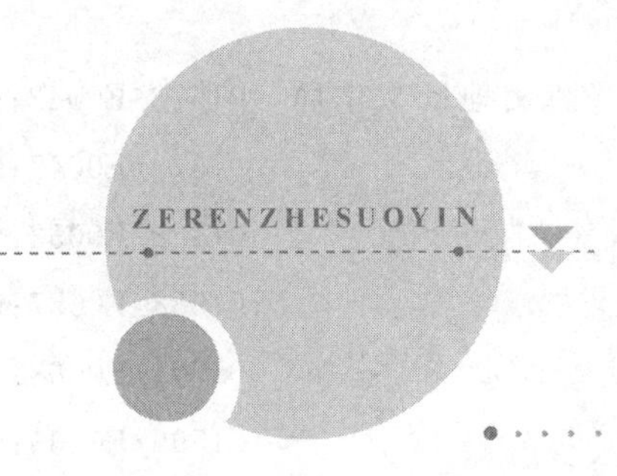

责任者索引

期刊索引

出版者索引